此书由大连大学文学院资助出版

U0862476

编委会

名誉主编： 马庆株

主　　编： 吴礼权　张祖立　李　索

编　　委（按姓氏音序排列）：

蔡基刚（复旦大学）
曹　炜（苏州大学）
陈宏俊（大连理工大学）
陈毅平（暨南大学）
德力格尔（内蒙古赤峰学院）
刁晏斌（北京师范大学）
段曹林（海南师范大学）
高日晖（大连大学）
古屋昭弘（[日] 早稻田大学）
郭伏良（河北大学）
李宝贵（辽宁师范大学）
李　索（大连大学）
刘乃仲（大连理工大学）
马庆株（南开大学）
朴正九（[韩] 首尔大学）
孙银新（北京师范大学）
孙玉文（北京大学）
唐子恒（山东大学）
温科学（广西大学）
吴礼权（复旦大学）
肖书文（华中科技大学）
徐正考（吉林大学）
杨光荣（四川大学）
杨文全（西南交通大学）
张春泉（西南大学）
张祖立（大连大学）
祝敏青（福建师范大学）

语言服务书系·修辞研究

修辞研究

（第七辑）

主编　吴礼权　张祖立　李　索

暨南大學出版社
JINAN UNIVERSITY PRESS

中国·广州

图书在版编目（CIP）数据

修辞研究．第七辑／吴礼权，张祖立，李索主编．—广州：暨南大学出版社，2021.12

（语言服务书系．修辞研究）

ISBN 978－7－5668－3232－0

Ⅰ.①修…　Ⅱ.①吴…②张…③李…　Ⅲ.①修辞学—研究　Ⅳ.①H05

中国版本图书馆 CIP 数据核字（2021）第 185743 号

修辞研究（第七辑）

XIUCI YANJIU（DI-QI JI）

主　编：吴礼权　张祖立　李　索

…………………………………………………………………………

出 版 人：张晋升

策划编辑：杜小陆　黄志波

责任编辑：黄志波

责任校对：周海燕　黄晓佳

责任印制：周一丹　郑玉婷

出版发行：暨南大学出版社（510630）

电　　话：总编室（8620）85221601

营销部（8620）85225284　85228291　85228292　85226712

传　　真：（8620）85221583（办公室）　85223774（营销部）

网　　址：http：//www.jnupress.com

排　　版：广州良弓广告有限公司

印　　刷：佛山市浩文彩色印刷有限公司

开　　本：787mm×960mm　1/16

印　　张：11

字　　数：220 千

版　　次：2021 年 12 月第 1 版

印　　次：2021 年 12 月第 1 次

定　　价：49.80 元

（暨大版图书如有印装质量问题，请与出版社总编室联系调换）

写在前面的话

马庆株　吴礼权[①]

《修辞研究》是由中国修辞学会组织编写、暨南大学出版社出版、大连大学文学院资助的纯学术性的连续出版物。自2016年9月第一辑出版，到今年的两辑出版后，就已经有七辑了。2016—2018年，我们每年编辑出版一辑，共出版了三辑。从2019年开始，每年出版两辑。本辑是第七辑，仍延续前六辑的做法，基本栏目保持稳定，同时根据前一年与当年学会开展学术活动的主题，适当增加个别新的栏目。

依据上述编辑原则，本辑刊发的论文主要来自三个方面：一是2019年10月在广西民族大学召开的中国修辞学会年会上交流的部分专家学者的会议论文，二是部分青年学者的学术论文，三是特约的专家学者论文。我们依据相关内容，将这些论文分列入“古代汉语修辞研究”“修辞学理论研究”“修辞学史研究”“政治修辞学研究”“广告修辞研究”“其他研究”“学术评论”七个专栏中。

“古代汉语修辞研究”专栏，我们选刊了五篇相关论文，分别是：武汉大学博士生导师卢烈红教授的《“网开三面”“网开一面”考》、武汉大学博士生导师戴红贤教授与王海龙合作的《寻找命题与建构论证：论亚里士多德的“开题”艺术》、大连大学文学院院长李索教授的《上古汉语音顿律节奏构建模式探析（下）》、北京大学中国语言学研究中心研究员宋亚

[①] 作者简介：马庆株，北京大学文学硕士，南开大学教授、博士生导师，西南交通大学特聘教授，西南科技大学特聘教授，原中国修辞学会会长（第九届），原中国语文现代化学会会长，现任中国修辞学会终身名誉会长。吴礼权，复旦大学文学博士，复旦大学中国语言文学研究所教授、博士生导师，兼任中国修辞学会会长，日本京都外国语大学客员教授，台湾东吴大学客座教授，湖北省政府特聘“楚天学者”讲座教授。

云博士与刘伟博士合作的《也谈“人闲桂花落”的“桂花”》、淮北师范大学讲师蔡丰博士的《〈喻林〉佛教譬喻研究》。

“修辞学理论研究”专栏，我们选刊了三篇相关论文，分别是：福建师范大学博士生导师祝敏青教授的《修辞学研究中的辩证视角》、河北科技大学副教授罗菲博士的《“修辞距离”研究》、华北水利水电大学副教授闫亚平博士与刘彬合作的《肯定性话语立场的修辞建构》。

“修辞学史研究”专栏，我们选刊了海南师范大学博士生导师段曹林教授的《新世纪以来中国修辞研究的创新》。

“政治修辞学研究”专栏，我们选刊了湖南师范大学讲师谢元春博士与复旦大学博士生导师吴礼权教授合作的《刘基〈卖柑者言〉的政治修辞学分析》。

“广告修辞研究”专栏，我们选刊了江苏师范大学李敏副教授的《中国广告语言的发展、传播与数据库建设》。

“其他研究”专栏，我们选刊了两篇相关论文，分别是：湖南人文科技学院副教授姜珍婷博士的《汉语地名中方位词使用的南北差异及其地理语言学释因》、广西民族大学副教授吴术燕博士的《认知语言学视阈下〈文心雕龙〉“思”“意”“言”的关系建构》。

“学术评论”专栏，我们选刊了中国修辞学会名誉会长、南开大学博士生导师马庆株教授的《〈汉语名词铺排史〉序》。

本辑所刊论文共计14篇，绝大多数是20世纪60年代生人的中年学者的作品。这些作者目前都是中国修辞学界与语言学界的中坚力量与知名专家，他们的论文代表了目前中国修辞学研究的最高水平，标明了中国修辞学研究最前沿的动态与发展方向。但是，也有部分论文是70年代或80年代生人的青年学者的作品，还有一些90年代生人的博士生与其导师的合作成果。众所周知，学术研究是一个不断努力推进的过程，需要一代又一代的学者不断努力、接力进行。中国修辞学会第九届、第十届、第十一届领导班子这些年来之所以竭尽全力，在各自繁重的学术研究与教学工作之余花费大量心力推进学会工作，每年都要召开一次全国性的学术年会，另外还要召开专题研讨会或国际学术研讨会，其目的就是培养学术新人，使中国修辞学的研究能够薪火相传，使中国修辞学的研究不断往纵深推进。中国修辞学会编辑出版《修辞研究》，一来是及时展示前辈学者关于修辞学研究的最新成果，使后学者有所了解，并在此基础上将相关研究予以推进；二来是在给青年学者创造成长的空间，让他们在学术研究以及跟前辈学者的交流互动中迅速成长，早日在修辞学研究领域有所成就。如此，中国修辞学的发展前景才会是光明的。

2010年12月，中国修辞学会第九届理事会成立时，我们就明确强调，中国修辞学会跟其他学术组织一样，是学术界的天下公器；2016年《修辞研究》第一辑出版时，我们又明确强调，跟其他学术刊物一样，《修辞研究》也是学术界的天下公器。既然如此，我们就要用好中国修辞学会与《修辞研究》这两个天下公器，全心全意地为全国修辞学界的同仁服务，让公器发挥好其作为公器应有的作用。

2020年，中国修辞学会迎来了成立40周年的光辉时刻。然而，2020年初一场突如其来的新冠肺炎疫情从天而降，打乱了我们召开学术年会的计划。尽管学会工作跟其他各行各业的工作一样，遭遇了前所未有的困难，但托赖现代科技，我们召开了史无前例的网上学术年会，参会学者有200多人，规模空前，这不禁让我们非常感叹学者们对中国修辞学会工作与学术研究的高度热情。也因为疫情的缘故，我们原定2020年出版的《修辞研究》第六辑、第七辑的计划受到了影响，顺延到了今年才出版面世。

最后，我们要对中国修辞学会秘书处所在单位大连大学表示衷心感谢！衷心感谢大连大学各级领导长期以来一直持续不断地支持中国修辞学会秘书处开展工作！衷心感谢大连大学文学院对《修辞研究》各辑的编辑出版所给予的人力与资金上的大力支持！同时，我们也衷心感谢暨南大学出版社担任《修辞研究》各辑编校工作的同仁所做的认真细致的工作！最后，我们还要衷心感谢全国学术界广大朋友长期以来对中国修辞学发展所给予的关心与支持！衷心感谢多年来一直关心并厚爱《修辞研究》各辑的作者与读者的大力支持！另外，还要感谢复旦大学中文系博士生周卫东同学为《修辞研究》各辑相关论文内容摘要的英译工作作出的无私奉献。

2021 年 9 月 10 日

目　录

写在前面的话　马庆株　吴礼权 …… 001

古代汉语修辞研究

“网开三面”“网开一面”考　卢烈红 …… 002
寻找命题与建构论证：论亚里士多德的“开题”艺术　戴红贤　王海龙 …… 010
上古汉语音顿律节奏构建模式探析（下）　李　索 …… 022
也谈“人闲桂花落”的“桂花”　宋亚云　刘　伟 …… 032
《喻林》佛教譬喻研究　蔡　丰 …… 044

修辞学理论研究

修辞学研究中的辩证视角　祝敏青 …… 060
“修辞距离”研究　罗　菲 …… 070
肯定性话语立场的修辞建构　闫亚平　刘　彬 …… 083

修辞学史研究

新世纪以来中国修辞研究的创新　段曹林 …… 098

政治修辞学研究

刘基《卖柑者言》的政治修辞学分析　谢元春　吴礼权 …… 110

广告修辞研究

中国广告语言的发展、传播与数据库建设　李　敏 ……………………… 122

其他研究

汉语地名中方位词使用的南北差异及其地理语言学释因　姜珍婷 …… 132
认知语言学视阈下《文心雕龙》“思”“意”“言”的关系
　　建构　吴术燕 ………………………………………………………… 143

学术评论

《汉语名词铺排史》序　马庆株 ……………………………………… 154

学术动态

中国修辞学会 2019 年年会暨“修辞创造与汉语发展演进”第 7 次全国
　　学术研讨会在广西民族大学召开 ………………………………… 160
中国修辞学会 2020 年年会暨“修辞创造与汉语发展演进”第 8 次全国
　　学术研讨会以腾讯会议形式顺利召开 …………………………… 162
中国修辞学会 2021 年年会暨“修辞创造与汉语发展演进”第 9 次全国
　　学术研讨会以腾讯会议形式顺利召开 …………………………… 166

古代汉语修辞研究

“网开三面”“网开一面”考

卢烈红[1]
（武汉大学文学院/湖北语言与智能信息处理研究基地　武汉　430072）

摘　要：《汉语大词典》对成语“网开三面”和“网开一面”的始见年代、意义关系认定不准确。实际上，“网开三面”产生于唐代初年，“网开一面”始见于明代，二者经历了由有差别到混同的过程。至现代汉语，“网开一面”取代了“网开三面”。

关键词：网开三面；网开一面；产生年代；意义差别

汉语历史上，先有“网开三面”，后又有“网开一面”。这两个成语意义完全相同吗？二者是什么关系？它们的产生、发展过程如何？本文略作考辨，以就教于方家。

一、“网开三面”与“网开一面”的产生

关于“网开三面”，《汉语大词典》曰：

【网开三面】《史记·殷本纪》：“汤出，见野张网四面，祝曰：‘自天下四方，皆入吾网。’汤曰：‘嘻，尽之矣！’乃去其三面，祝曰：‘欲左，左；欲右，右。不用命，乃入吾网。’诸侯闻之，曰：‘汤德至矣，及禽兽。’”后因以“网开三面”喻法令宽大，恩泽遍施。唐·刘禹锡《贺赦表》：“泽及八荒，网开三面。”宋·苏轼《到惠州谢表》：“此盖伏遇皇帝陛下以大有为之资，行不忍之政。汤网开其三面，舜干舞于两阶。”孙中山《诰诫东江叛军通令》：“兹特命东江征讨诸军撤惠州之围，并停止各路进攻，以示网开三面之意。”亦省作“网开”。《旧唐书·昭宗纪》：“是以雷解而羲文象德，网开而汤化归仁，用彼怀柔，式存彝范。”[2]

---

[1] 作者简介：卢烈红，文学博士，武汉大学文学院教授、博士生导师，汉语言文字学学科带头人，武汉大学文学院黄侃研究所所长，《长江学术》副主编。兼任中国修辞学会副会长，中国训诂学研究会副会长，湖北省语言学会会长，中国语言学会理事。

[2] 汉语大词典编辑委员会．汉语大词典：缩印本下［M］．上海：汉语大词典出版社，1997：5681.

《汉语大词典》以《史记·殷本纪》关于商汤去三面之网的记载为“网开三面”意义之源，字面相同之书证则首列唐代刘禹锡《贺赦表》，这都是不准确的。李一华（1984）指出，其来源应提早为《吕氏春秋·异用》：“汤其收三面，置其一面。”字面相同之书证应提前为唐太宗《班师诏》：“是以网开三面。”

关于“网开一面”，《汉语大词典》曰：

【网开一面】同“网开三面”。陶行知《育才两岁之前夜》：“纠正之方在民主立法，有司执法，网开一面，庶有自新之路。”老舍《四世同堂》五八：“不，她不能不网开一面，教小姐在小处得到舒服，而后在大事上好不得不依从妈妈。”①

《汉语大词典》两书证皆出于现代，与典籍实际严重不符。实际上，“网开一面”在明代已见用例，最早用例见于明代王鏊（1450—1524）《震泽集》卷三十四《拟荡平群盗露布》：

（1）陛下怒形文武之赫斯，恩施乾坤之旷荡，网开一面，计出六奇，置赤心于腹中，推洪恩于望外。（明·王鏊《拟荡平群盗露布》，《震泽集》卷三十四）

明代的用例不是很多，“中国基本古籍库”共有3例。至清代，则用例大增。如：

（2）伊等并称金首倘知悔罪，归还党坝额碉，恳请网开一面，施恩宽宥等语，所奏未得此事要领。（《清实录·高宗实录》卷之七百六十三）

（3）若胁从之众，或降或窜，不妨网开一面。不可妄杀被胁良民，使其无路可归，转与贼众结成死党。（《清实录·仁宗实录》卷之二百七十五）

（4）老先生意欲网开一面，以存忠厚之意，这却使不得。（清·李绿原《歧路灯》第九十三回）

（5）大少寨主掬下留情，贫道已到晚年，筋骨不堪用了，但愿大少寨主网开一面。（清·张杰鑫《三侠剑》第三回）

① 汉语大词典编辑委员会．汉语大词典：缩印本下［M］．上海：汉语大词典出版社，1997：5681.

例（2）（3）出自朝廷档案材料，例（4）（5）出自通俗小说，可见清代“网开一面”的使用范围已很广泛。

《汉语大词典》的两个书证时代晚得太多。

二、“网开三面”与“网开一面”的异同

《汉语大词典》认为：“‘网开一面’同‘网开三面’。”这种说法是不准确的。

“网开三面”与“网开一面”的本源义并不相同。

按《史记·殷本纪》的说法，“网开三面”是将四面之网“去其三面”，下面的材料说法同：

《吕氏春秋·异用》：“汤见祝网者，置四面，其祝曰：‘从天坠者，从地出者，从四方来者，皆离吾网。’……人置四面，未必得鸟；汤去其三面，置其一面，以网其四十国，非徒网鸟也。”

《孔子家语·弟子行》：“成汤恭而以恕，是以日隮。”王肃注：“隮，升也。成汤行恭而能恕，出见博鸟焉。四面施网，乃去其三面。《诗》曰：‘汤降不迟，圣敬日隮。’言汤疾行下人之道，其圣敬之德日升闻也。”

《晋书·乐志下》：“殷汤崇天德，去其三面罗。逍遥群飞来，鸣声乃复和。”

《六臣注文选·殷仲文〈解尚书表〉》：“伫（五臣作抒）一戮于徽命，申三驱于大信。”刘良注：“抒，泄也。三驱之礼，去三面网，而留一面者，言宽仁也。”

《吕氏春秋·异用》中的“置”，高诱注曰：“置，设。”“网开三面”是去掉三面网，只留一面网。

“网开一面”是设三面网，空一面不设网。请看下列材料：

《礼记·曲礼下》：“国君春田不围泽，大夫不掩群，士不取麛卵。”孔颖达疏：“又《史记》汤立三面网，而天下归仁，亦是不合围也。此间所明周制矣。”

唐·吴兢《贞观政要·君道》：“乐盘游则思三驱以为度，忧懈怠则思慎始而敬终。”戈直注：“三驱者，围合其三面，前开一路，使之可去，不忍尽物，好生之仁也。”

宋·程颐《伊川程先生周易经传》卷一《易·比》：“九五，显比，

王用三驱，失前禽……”下注云：“天子之畋，围合其三面，前开一路，使之可去，不忍尽物，好生之仁也。只取其不用命者，不出而反入者也。禽兽前去者皆免矣，故曰‘失前禽’也。”

清·曾钊《面城楼集钞》卷一：“《史记》汤立三面网，而天下归仁，三面网即不合围之意。”

设网有一面、三面之别，因此这两个词的本源义并不相同。这种不同是古代仁者田猎具体做法本身就有差别，还是历代人们对其理解有不同呢？上面《吕氏春秋》、《孔子家语》王肃注、《晋书·乐志下》将商汤的做法理解为设一面网，而《礼记》孔颖达疏、清曾钊《面城楼集钞》则将商汤的做法理解为“立三面网”；《文选·殷仲文〈解尚书表〉》刘良注将“三驱之礼”理解为“去三面网，而留一面”，而《贞观政要》戈直注、《易·比》程颐注则将三驱理解为“围合其三面，前开一路”。由以上这些材料可见，古代仁者田猎是设一面网还是设三面网，亦即是“网开三面”还是“网开一面”，二者的不同其实源自历代人们理解的不同。

由于历代人们理解不同，而设一面网还是设三面网，宽仁的程度、涉及的范围还是有差别的，因此，“网开三面”和“网开一面”的用法经历了有区别到混同的过程。

第一，“网开三面”是撤除三面网，只留一面网，施恩的涉及面是很宽的，因此在“网开一面”出现之前，“网开三面”的施恩对象均为群体。

成语“网开三面”在唐代出现，“网开一面”在明代产生。在“中国基本古籍库”中检索“网开三面”，时间自唐至元，去其重复，共 11 例，计唐代 6 例[①]，宋代 3 例，元代 2 例。这 11 例均以群体为对象。如：

(6) 臣某言：伏奉今月一日制书，大赦天下者。……网开三面，危疑者许以自新；耳达四聪，瑕累者期于录用。（唐·刘禹锡《贺赦表》，《刘禹锡集》卷十四）

(7) 乃有淮右小丑，久稽天宪，圣上深覆焘之念，极绥怀之仁，网开三面，武引七德。而鼠盗蜂结，趑趄未宾，忠臣义士，有以愤激。（唐·沈亚之《省试策三道·第二问》，《沈下贤文集》卷十）

(8) 辽人猖蹶败纪纲，鸟兽惊骇自取亡。归我五季旧土疆，有如宣宗复河湟。彼酋假息不自量，网开三面犹跳梁。爝火乃欲犯太阳，怒臂当车

① “中国基本古籍库”列在唐代部分的有 4 例。另，宋代部分，宋敏求编《唐大诏令集》，其中有唐太宗《高丽班师诏》1 例；《文苑英华》，其中有唐代张说《赠吏部尚书萧公神道碑》1 例。

学螳螂。（宋·苏过《闻郭太尉出师大捷，奚人擒契丹酋领四军者来献。作长句古调一首》，《斜川集》卷二）

（9）重华广孝，琴奏五弦；成汤克仁，网开三面。（元·袁桷《放生池祝圣文》，《清容居士集》卷第四十四）

例（6）与《汉语大词典》“网开三面”条所引刘禹锡例背景皆为“大赦天下”，“网开三面”用于群体无疑。例（7）观“蜂结”一语，亦可知“网开三面”涉及的是群体。例（8）“假息”是“苟延残喘”的意思，“爝火”指小火，“怒臂”是“奋臂”的意思。辽人头领苟延残喘，仍自不量力，螳臂当车，继续疯狂冒犯大宋王朝。这一例“网开三面”的宽宥对象是“辽人”，属于群体。例（9）是就放生而写的祝颂之文，“网开三面”用于群体亦无疑义。

实际上，即使到了“网开一面”已产生的明代，我们在“中国基本古籍库”中找到的明代的4例“网开三面”，其用法仍同于唐代至元代，均涉及群体。

第二，“网开一面”是设三面网，空一面不设网，这空着的一面自然可以放生群体；但与“网开三面”不同，一面不设网的本源义与施恩于个体颇能契合。因此，“网开一面”于明代一出现，就既可用于群体，亦可用于个体。

明代的“网开一面”在“中国基本古籍库”中可见3例，另在“中国基本古籍库”未收的《明神宗实录》中可见1例。“中国基本古籍库”中的3例均涉及群体，《明神宗实录》中的1例则用于个体。如：

（10）是以帝怒张文武之赫斯，皇恩普乾坤之浩荡，网开一面，计出六奇。念万姓之疮痍，首蠲征赋；愤三州之荼毒，特命徂征。（明·黄洪宪《平岭贼露布》，《碧山学士集》卷二十一）

（11）皇上尧仁舜孝，卓越千古。伏望察臣当日是否，果为地方网开一面，准照三十二年释放华钰等事例，放归奔丧，则臣犹得抚棺尽哀，从父地下，亦戴德于无穷矣。（《明实录·明神宗实录》卷之四百八十）

例（10）朝廷征讨的是岭粤贼首及其“啸集”的“凶徒”，“网开一面”涉及的对象无疑是群体。而例（11）是受诬陷被逮系京城的原武昌府同知卞孔时因父丧向皇帝乞请放归奔丧，是就其本人一个人奔父丧而恳请皇上“网开一面”，“网开一面”显然用于个体。

第三，到清代，“网开一面”和“网开三面”用例均颇多。清代“网开一面”有不少用于个体的例子。受其影响，清代的“网开三面”也渐能用于个体。于是，在清代，“网开一面”和“网开三面”均既能用于群体，又能用于个体，二者渐渐混同。请看下列用例：

（12）本镇哀其愚懵，仰体朝廷好生之德，欲为网开一面，该弁赍斯檄往谕之。（清·蓝鼎元《檄施恩陈祥谕抚杜君英》，《东征集》卷二）

（13）书云：“歼厥渠魁，胁从罔治。”从古帝王如天好生之德，虽虎豹豺狼，未始不网开一面。……除罪大恶极之一二贼不准投诚外，其余有不甘为盗者，急早投诚，准其免死回家，余财并准携带。（清·贺长龄编《皇朝经世文编》卷八十五“兵政”十六）

（14）狄公问道：“本县昨日已将那通奸的地方搜出，看你是年幼书生，不能受那匪刑的器具。这事从何时起意？是何物害死了毕顺的？你且照实供来，本县或可网开三面，罪拟从轻，格外施恩。”（清·佚名《狄公案》第二十七回）

（15）再说，当年如邓芝龙、郭婆带这班大盗，闹得那样翻江倒海，尚且网开三面，招抚他来，饶他一死，何况这些妖魔小丑？（清·文康《儿女英雄传》第二十一回）

例（12）出自《东征集》。《东征集》是蓝鼎元随兄——南澳总兵蓝廷珍于康熙末年、雍正初年在台湾平乱时所作的公牍书檄集，此例“网开一面”就招抚头领杜君英而言，用于个体甚明。例（13）强调“胁从罔治”，“准其免死回家”，“网开一面”显然用于群体。例（14）“网开三面”涉及的是“年幼书生”一人，用于个体。例（15）“网开三面”涉及“邓芝龙、郭婆带这班大盗”，用于群体。这 4 例，“网开一面”和“网开三面”各 2 例，两个成语均兼用于个体、群体，显示二者的用法已混同。

“网开一面”和“网开三面”用法混同的原因，应该是二者并用时间一长，它们本源义的差别在人们的心目中渐渐模糊，于是，法外施恩予以宽宥，无论是涉及群体还是涉及个体，用“网开三面”“网开一面”都可以。

三、“网开三面”与“网开一面”的兴替

明清时期，“网开三面”和“网开一面”二者并用。清末民初，“网开三面”还在使用，可到了“五四运动”以后的现代汉语中，“网开三面”就很少使用了。查 2019 年 3 月 30 日的 BCC 语料库，“网开三面”与“网开一面”的使用情况如表 1 所示：

表1 BCC 语料库“网开三面”“网开一面”使用频率表

语料类别	网开三面（次）	网开一面（次）
文学	0	30
报刊	2	264
科技	7	423

下面让我们看看几个例子：

（16）一些围观者却纷纷为那个违章青年说情，要求交警“网开一面”“饶他一回”。(《“同情心”感言》，《人民日报》，1997 年 7 月 18 日第 9 版)

（17）在兼顾各方利益、尊重徐丙垠意愿的基础上，学院为他制定了“网开一面”的特殊政策，由此徐丙垠成为横跨校内外的“两栖”教授。(《山东工程学院的“人才工程”》，《人民日报》，1998 年 9 月 30 日第 8 版)

（18）而对于那些不敢担当、不负责任、慵懒散拖的干部，则更容易“网开一面”。(《让干部队伍成为“一池活水”》，《人民日报》，2016 年 3 月 24 日第 7 版)

（19）学历是衡量一个人综合能力与素质的重要标志，但对于一些具有特殊能力的偏才，不妨对其“网开一面”，使其在专长的岗位上发挥作用。(《不唯学历凭能力　代课教师破格用》，《人民日报》，2001 年 2 月 23 日第 2 版)

这 4 例“网开一面”，前 2 例用于个体，后 2 例用于群体。

由表 1 和《人民日报》“网开一面”4 个用例可见，到现代汉语，从使用频率到用法，“网开一面”取代了“网开三面”，“网开三面”基本上退出了历史舞台。

“网开一面”取代“网开三面”，有语言内部的原因和语言外部的原因。从语言内部来说，清代“网开一面”“网开三面”已混同，二者不可能长期并用。从语言外部来说，现代社会人们在心理认知方面很难理解“撤三面网、只留一面网”的狩猎方式，在这个因素的作用下，人们普遍习惯于使用“网开一面”而逐渐弃用“网开三面”。

参考文献

李一华．常用成语探源：对《辞源》所收成语有关出处引例的补正［J］．北京大学学报（哲学社会科学版），1984（3）．

A Study of "Opening up Three Sides to A Net" and "Opening up One Side to A Net"

Lu Liehong

(*College of Chinese Language and Literature, Wuhan University / Hubei's Research Base of Language and Intelligent Information Processing, Wuhan*, 430072)

Abstract: *Hanyu Da Cidian* (《汉语大词典》) is not accurate in identifying the age of birth and the relation of meaning of the idioms "opening up three sides to a net" and "opening up one side to a net". In fact, the idiom "opening up three sides to a net" came into being in the early Tang Dynasty. The idiom "opening up one side to a net" came into being in the Ming dynasty. They have experienced a process from difference to confusion. In modern Chinese, "opening up one side to a net" has replaced "opening up three sides to a net".

Key Words: opening up three sides to a net; opening up one side to a net; the age of birth; the difference of meaning

寻找命题与建构论证：论亚里士多德的“开题”艺术

戴红贤　王海龙①
（武汉大学文学院　武汉　430072）

摘　要：亚里士多德较为系统地阐释了论辩散文的“开题”艺术。他将论辩散文题材划分为政治、诉讼和典礼三种，再使用命题学说帮助作者分析题材，作出判断，寻找合适的命题，然后运用三段论建构有别于证明推论和辩证推论的修辞论证，以实现论辩散文的理性说服，并辅以影响受众情感和彰显作者品格这两种说服因素的考量。建构具有理性特征的修辞论证是论辩散文“开题”的主体。“开题”艺术尤其是修辞论证的学科归属在西方写作理论史上颇有争议，但它在20世纪中后期重新受到学界重视，并产生了广泛而深刻的影响。

关键词：命题；论证；亚里士多德；开题；修辞学

“开题”是古希腊罗马修辞学的一个术语，又称“觅材取材”“修辞发明”，位列“修辞五艺”之首。系统论述开题艺术，并将其视为演讲者或论辩散文作者应当具备的基本能力，亚里士多德有首创之功。② 开题艺术既是亚里士多德修辞学的创新，也是论辩散文写作的一个重要理论问题。

开题处于论辩散文写作的准备与构思环节，非常重要，它既影响着写作活动的顺利与否，又决定着文章品质的高低。中西方古典写作理论都注意到了开题的工作。中国古代写作理论曾形象地描述了这个复杂的运思过程，如“收视反听，耽思傍讯，精骛八极，心游万仞”③，“或理在方寸，而求之域表；或义在咫尺，而思隔山河”④ 等。认识开题的重要性并不难，困难在于探究可操作的、行之有效的开题方法。

在亚里士多德看来，论辩散文开题的核心是寻找命题和建构论证。他认为通过教育、学习和训练，人们可以获得并掌握开题的方法和原则，从而成为论辩散文的写作能手，所谓“一个善于研究三段论法题材和形式的

---

① 作者简介：戴红贤，武汉大学文学院教授、博士生导师。王海龙，武汉大学文学院研究生。

② 西塞罗．论开题［M］//西塞罗全集·修辞学．王晓朝，译．北京：人民出版社，2007：280.

③ 陆机．文赋集释［M］．张少康，集释．北京：人民文学出版社，2002：36.

④ 刘勰．文心雕龙译注［M］．陆侃如，牟世金，译注．济南：齐鲁书社，1995：360.

人，一旦熟悉了修辞式推论所运用的题材和修辞式推论与逻辑的推论的区别，就能成为修辞式推论的专家”①。亚里士多德较为系统地阐释了论辩散文的开题艺术，成就卓越，影响深远。

一、政治·诉讼·典礼：论辩散文的写作题材

要理解并找到论辩散文的命题，首先要了解其文章题材。题材是写作的原材料或素材。亚里士多德认为作者必须了解并熟悉不同类型的论辩题材，“对于演说或推论的题材应当全部了解，或了解其中的一部分”②。他的《修辞学》用政治、诉讼和典礼这三种类型统摄论辩文写作所关涉的众多题材。具体而言，政治演说有财政问题、战争与和平问题、城邦的保卫问题、进出口问题和立法问题五大类型，涵盖了经济、军事、政治、立法等领域。诉讼演说涉及的问题有：害人者的心情、害人者的种类、法律（特别法、普通法、不成文法、公平法等）、无意的行为、有意的行为、不幸事件、错误、罪行及其大小，司法的主要问题都涵盖其中。典礼演说所称赞或谴责的对象被划分为美德和恶德、高尚的事和可耻的事，亚里士多德定义了美德，并分析了正直、勇敢、节制、慷慨、豪爽、大方、和蔼、见识、智慧等多种美德，实际上引入了亚里士多德的伦理学内容。亚里士多德指出“演说者必须首先掌握由这三种题材构成的命题”③。

亚里士多德认为大多数论辩散文题材都是多半会发生的事，即具有或然性的事。所谓具有或然性的事是“指有另一种可能的事，这种事对于某种事说来，它是或然的，其关系有如一般与特殊的关系”④。这种题材或然性使论辩散文的逻辑说服方式不同于基于知识前提的证明的推理，也有别于辩证的推理，虽然这三者推理都采用三段论方法。修辞推理除了三段论所提供的理性说服之外，还有情感说服和伦理说服。伦理说服是由作者的道德品质所造成的说服，与伦理学说有关；情感说服是由使受众处于某种心情所造成的说服，与心理学、感知学说有关；理性说服是由演说辞本身的证明所造成的说服，与逻辑学、思维科学有关。众多学科知识就这样被亚里士多德囊括到论辩散文写作的材料仓库。这意味着论辩散文作者必须拥有高尚的情怀和渊博的知识。作者的写作题材库是开展写作活动的重要保障，库藏越丰富，供作者调配、指挥的材料就越多。

---

① 亚里士多德．修辞学［M］．罗念生，译．上海：上海人民出版社，2004：148.
② 亚里士多德．修辞学［M］．罗念生，译．上海：上海人民出版社，2004：268.
③ 亚里士多德．修辞学［M］．罗念生，译．上海：上海人民出版社，2004：158.
④ 亚里士多德．修辞学［M］．罗念生，译．上海：上海人民出版社，2004：153.

此外，亚里士多德还结合写作意图具体论述了如何分析三种演讲题材的旨趣。政治演说的意图是对未来的事予以劝说或劝阻，其题材分析侧重于指出所提建议的益处和害处，至于所提建议是否正义、是否光荣等问题是次要的。诉讼演说是对过去发生的事进行控告或答辩，其题材分析主要在于指出行动是否具有正当性，行动的其他性质问题是次要的。典礼演说用于称赞或谴责，着眼于现在，也可追忆过去或预测未来，典礼演说的题材着重于是否具有光荣等美德。因此，论辩散文作者必须掌握由有益或有害的建议、正当或不正当的行动、光荣或不光荣的行动构成的命题，以及对这三种性质进行大小比较的命题，例如，有益的建议还可以进一步分析是益处较大还是益处较小的建议。①

上述内容奠定了西方公共说理写作题材理论的基础。那么，如何加工处理写作题材库的这些材料，并形成论辩散文写作所需要的命题呢？

二、范畴与句子：命题的表达

作者要想对写作题材予以判断，得到命题，必须掌握并娴熟运用基本的思想方法与工具。范畴论是亚里士多德命题理论的前导性学科知识，相关内容见存《范畴篇》。范畴是人的思想对事物的普遍、本质的概括。各门科学都有其范畴，这些范畴是科学认识的结晶，也是最基本的专门术语和概念。苏格拉底通过分析个别伦理行为归纳出“美德”“善”“正义”等一系列伦理概念，奠定了亚里士多德范畴理论的基础。《范畴篇》提出十个范畴：实体、数量、性质、关系、地点、时间、姿态、状况、活动、遭受。实体分为第一实体和第二实体。前者指存在于客观物质世界中的一切个别的、单独的、具体的事物或物体。后者指事物的类即属、种，是第一实体的反映。例如，某个别的人是第一实体，而人、动物就属于第二实体。数量，如两肘长，指事物的大小和多少，是从量的规定性考察事物。性质，如白色的、有教养的，指事物质的规定性，表明物体的一般的区别和种类的差别。关系，如一半、两倍、大于，表明事物之间的关系。地点，如在教室、在市场，表明空间的位置。时间，如昨天、去年，表明物体变化的先后顺序。姿态，如躺着、坐着。状况，如穿鞋的、武装的。活动，如分割、点燃。遭受，如被分割、被点燃。② 这些范畴一方面表明客观物质世界的实体、性质以及关系，另一方面又是命题最普遍的谓词，是

---

① 戴红贤，何晓路．修辞术与论辩术：论证艺术——亚里士多德散文写作理论：一［J］．写作，2019（2）．

② 马玉珂．西方逻辑史［M］．北京：中国人民大学出版社，1985：27－29.

命题谓词的分类。这十个范畴可以概括命题的主词和谓词所有可能的结合，一切命题都要使用这些范畴。

具备了范畴知识，就可运用分析与综合这两种思维方法来加工处理论辩文写作的题材了。写作综合思维的关键在于“把和题目有关纷纭散乱的事项统摄在一个普遍概念下面，得到一个精确的定义，使我们所要讨论的东西可以一目了然”①，分析就是“顺自然的关节，把全体剖析成各个部分”②。亚里士多德进一步指出了如何分析：“为了使问题有条理，我们必须选择适当的部分和划分。选择的方法如下：首先确定为一切特殊事物所共有的种，例如，如果我们研究的主体是动物，我们就要确定动物具有什么样的属性。确定了它们以后，我们就进而考虑属于剩余种类中的第一个的属性。”③ 作者必须熟练操作这两种思维技术来综合与分析论辩文写作的题材。

命题是加工论辩文写作题材的关键工具。事物本身具有各种属性、联系和关系，命题判断的就是某事物是否具有某种性质、联系和关系，是否具有一般或个别的联系。命题，按照组成，可分为简单的和复合的；按照性质，可分为肯定的和否定的；结合质和量的关系，有全称肯定、全称否定、特称肯定和特称否定四种类型，更详尽的逻辑学的内容不赘叙。

命题与思维活动相关，它是对文章题材进行思维加工后形成的判断，可以显示作者认识写作对象的思维方式、思想背景等，命题的呈现方式是一个句子。命题作为论辩散文写作的基础：从形态而言，它是句子；从内容而言，它是思想对事物的判断。可见，命题就是用相应的句子表述思想对事物的断定。不过，并非所有句子都是命题，只有那些对某一事物有所肯定或有所否定的判断句才是命题。亚里士多德说：“句子是一连串有意义的声音，它的每个部分都有其独立的意思，但只是作为表达，而不是作为肯定命题或否定命题。……只有那些自身或者是真实的或者是虚假的句子才是命题。”④ 例如，祈使句“把药吃掉”，感叹句“三峡的风景真美”等，就不是属于命题的句子，但“林肯是伟大的”“合乎德性的生活是幸福的”则是命题。需要指出的是，开题艺术重点研究表示命题的句子，这种句子就是论辩散文的论题，但散文理论则需要研究各种句子的写作。

---

① 柏拉图．文艺对话集［M］．朱光潜，译．北京：人民文学出版社，1963：152.

② 柏拉图．文艺对话集［M］．朱光潜，译．北京：人民文学出版社，1963：153.

③ 亚里士多德．亚里士多德全集：第一卷・后分析篇［M］．余纪元，译．北京：中国人民大学出版社，1990：340.

④ 亚里士多德．亚里士多德全集：第一卷・解释篇［M］．秦典华，译．北京：中国人民大学出版社，1990：51－52.

亚里士多德指出必须首先对每个题目准备一些命题，因为这些命题对于有针对性地搜集材料有指导作用："必须尽量搜集题目内包含的事实，特别是和题目有密切关系的事实，这些事实搜集得越多，就越容易证明我们的论点，这些事实和题目的关系越密切，就越显得更特殊，而不是很普通。"① 这些事实材料就是证明观点的论据，他以阿喀琉斯为例说明材料与观点之间的关系。在称赞阿喀琉斯的时候，说他是个人或半神，或说他曾经远征特洛伊，这些事实就很普通，与题目关系不密切，因为这些话也宜于称赞其他人，这样的话用来赞颂阿喀琉斯并不比用来赞颂狄俄墨得斯更为恰当。所谓特殊的事实，是指只适合阿喀琉斯而不适合其他任何人，比如说他杀死最优秀的特洛伊人赫克托尔，他还杀死库克诺斯，后者曾经阻止全部希腊军队登陆且刀枪不入。又比如说他很年轻时就随军出征，并且没有誓言的约束等，这些就是与题目关系密切的事实，适合用来证明文章的论点。

综之，范畴、命题分别与词语、句子对应，范畴和命题是对写作题材的思维加工，词语和句子是文章写作的语言表达，论辩文写作所需要的题材、思维和语言这三方面内容通过命题就如此紧密关联起来了。诚如亚里士多德所说："这就意味着我们从那些可以利用的材料出发以达到其目的。"② 寻找命题的工作就此完成，接下来便是建构论证。

三、论题与"四谓词"：修辞论证的建构

如果说命题学是关于思维的理论，那么，论题学则是关于辩证推理的理论。在论辩文开题过程中，命题学旨在综合分析题材并作出判断，论题学则为建构修辞论证提供了方法。

论证是一种艺术，也是亚里士多德思维训练的中心问题。在科学认识、表达和交流思想的过程中，都离不开论证这种思维形式。亚里士多德把论证分为证明的推理、辩证的推理和修辞的推理。建构论证先要找准合适的推理类型。③ 亚里士多德的《论题篇》侧重辩证的推理，大约作于公元前360年，是亚里士多德用来训练学生"辩证式论辩"（dialectical debates）的工具。其开篇即说："本文的目的在于寻求一种探索的方法，通

---

① 亚里士多德．修辞学［M］．罗念生，译．上海：上海人民出版社，2004：269.

② 亚里士多德．亚里士多德全集：第一卷·论题篇［M］．徐开来，译．北京：中国人民大学出版社，1990：353.

③ 戴红贤，何晓路．修辞术与论辩术：论证艺术——亚里士多德散文写作理论：一［J］．写作，2019（2）．

过它，我们就能从普遍接受所提出的任何问题来进行推理；并且，当我们自己提出论证时，不至于说出自相矛盾的话。为此，我们必须首先说明什么是推理以及它有些什么不同的种类，以便掌握辩证的推理，因为这就是我们在本文里所研究的主题。”①《论题篇》所寻求的“探索的方法”是辩证的推理。凭借这种推理方法，人们能从普遍接受所提出的任何问题进行推理，而且在提出论证时不会自相矛盾。亚里士多德明确指出论题学有益于智力训练、交往会谈和求取哲学知识。“交往会谈”主要指论辩式的交谈，从书面表达而言，就是论辩散文的写作。他说：“一旦涉及多数人的意见时，我们不是以其他人，而是以他们自己的看法为依据来作出适当反应的；同时也能改变他们的说法中对我们来说似乎是不正确的某种东西。”②（亚里士多德，1990d：355）也就是说，论辩者为了获得论据的支持以维护自己的观点，必须借助相应的论题进行推论。

论题是社会日常生活商谈争议论辩的工具，也是亚里士多德论辩散文写作的理论基础。《论题篇》在《修辞学》中出现了九次之多。亚里士多德在吕刻翁学院讲学期间（公元前335年至前322年），将《论题篇》有关内容运用到修辞学教学实践。亚里士多德认为修辞推理类似于辩证推理，《修辞学》开篇即说“修辞术是论辩术的对应物”，这是因为二者都运用三段论法，推论的前提都是具有或然性的“意见”，与逻辑论证的必然性“知识”前提不同，都可以用于论证相互矛盾甚至对立的观点。不过，修辞推理只讨论与公共事务相关的特定话题，而辩证的推理可用于讨论任何一般性话题。辩证推理与证明或科学推理的论题数目相等、性质相同，但修辞推论的论题数目较少。修辞学的开题术可以当作亚里士多德论题学的一种应用，掌握并能运用修辞推理是论辩散文写作的关键。

论题学是建构论证的方法论。论题学主要围绕四谓词理论展开。四谓词理论是从谓词对主词的关系角度提出的，亚里士多德指出任何命题或问题都要由四谓词构成。③所谓四谓词，就是偶性、种、特性和定义。④偶性指事物偶然具有的性质。例如坐的姿势，同一个人可以坐着，也可以不坐着，别人或其他动物也可以坐着。种是对一些不同属的事物的本质范畴的

---

① 亚里士多德．亚里士多德全集：第一卷·论题篇［M］．徐开来，译．北京：中国人民大学出版社，1990：353.

② 亚里士多德．亚里士多德全集：第一卷·论题篇［M］．徐开来，译．北京：中国人民大学出版社，1990：355.

③ 亚里士多德．亚里士多德全集：第一卷·论题篇［M］．徐开来，译．北京：中国人民大学出版社，1990：356.

④ 亚里士多德．亚里士多德全集：第一卷·论题篇［M］．徐开来，译．北京：中国人民大学出版社，1990：357.

述说。例如“人是动物”，“动物”就是“人”的种。这是用“动物”这个种概念述说“人”这个属概念。特性不表示某一事物的本质，只是属于该事物，而且它的逆命题也能成立。例如，人的一个特性是能学习文化，如果甲是一个人，那他是能学习文化的；反过来也可以说，如果甲是能学习文化的，那他就是一个人。定义乃是揭示事物本质的短语。一个完整的定义必须是被定义者和定义者的统一体。一个正确的定义必须明白清楚，不能用含混的词表达，作为定义者的谓词概念必须比被定义的主词概念更明白清楚。此外，不应用自身下定义，以免循环定义。亚里士多德还提出了“属差+种”的下定义方法。例如“人是思想的动物”。亚里士多德说：“如果我们把握了所讨论对象的属性，我们立即就能轻而易举地揭示证明。如果没有遗漏研究对象的任何真正属性，我们就能发现和证实一切可证明事物的证明，并排除一切在本性上就没有证明的事物。”① 因此，在建构论证的时候，只需要考虑有限数量的明确属性，即四谓词所揭示的事物属性。辩证推理或修辞推理的问题就是事物的特性、定义、属和偶性这四种类型。这四种论证问题具有高度的概括性，论辩散文所讨论的纷繁复杂的现实问题都归属其中。《论题篇》所阐释的约300个论题就是由特性、定义、属和偶性四谓词构成。那么，如何发现四谓词？在亚里士多德看来，可以采用以下三种方式：

其一，区分同个词的多种含义，能发现其中的四谓词。“相同”可以被区分为三种含义。论证须从上述种种因素出发，并通过它们和趋于它们，这是通过归纳而进行的证明。因为假如有人愿意逐一考察每个命题和问题，就会明白它们都形成于定义或特性或种或偶性。

其二，通过推理发现四谓词。因为陈述主项的任何谓项与主项都必然是可换位的或不可换位的。如若可以换位，谓项就应该是定义或特性；因为如果谓项揭示了主词的本质，它就是定义；如果没有揭示本质，则是特性。特性之为特性，乃是由于它能与主项换位但又不揭示本质。如果谓项与主项不可以换位，它就或者是或者不是陈述主项定义的一个语词。如果它是陈述主项定义的语词，它就应是种或属差，既然定义是由种加属差构成的；如果它不是陈述主项的语词，它显然就只能是偶性，因为我们曾经说过，偶性不是定义，不是种，也不是特性，但它又是属于主项的。

其三，可以通过十范畴探索四谓词。事物的偶性、种、特性和定义总是十范畴之一，因为通过这些谓项所形成的任何命题都或者表示事物的本

① 亚里士多德．亚里士多德全集：第一卷·前分析篇［M］．余纪元，译．北京：中国人民大学出版社，1990：159.

质，或者表示它的性质、数量或其他某一个范畴。

亚里士多德通过词语的含义、词语的逻辑意义、客观物质世界实体及其性质与关系等多方面探究四种谓词，提出了数百个论题。

不过，虽说论题学是论辩散文开题艺术的方法论，但是与《论题篇》归纳的众多论题相比，真正适用于论辩散文的论题数量很少。《修辞学》共列举了28个修辞推理的论题，还总结了9个假冒修辞推理论题。28个修辞推理论题帮助作者在开题时建构自己的论证，9个假冒修辞推理论题则有助于读者识别论证的破绽，认清诡辩。作者和受众都应该具有辨别真假论证的能力。

了解了论题的知识，再来看如何建构论证的问题。其实，建构论证的关键就是两点：第一，正确地提出问题，并明确规定论题。亚里士多德认为下定义是明确论题最有效的方法。第二，提出确实可靠的论据来证明论点。这些论据必须是不依赖论点的独立材料，否则会陷入循环论证。公理、定理以及绝大多数人普遍接受的意见等均可作为论据。这就是亚里士多德所说的“推理是一种论证，其中有些被设定为前提，另外的判断则必然地由它们发生”[①]。马玉珂先生解释说：“其中有某事物被陈述了，则从中就必然引出与此不同的其他事物。”[②] 现代推理定义“推理是由一个或几个判断得出新判断的思维形式”即来自亚里士多德。

此外，在开题过程中，亚里士多德指出以下两点值得注意：第一，在论辩文开题过程中，找准“争论点”非常重要。亚里士多德认为有四种争论点：①争论事情是否发生；②争论事情是否造成伤害；③争论事情是否重大；④争论事情是否正当。[③] 在不同演说类型中，争论点的运用有差异。典礼演说要证明事情是高尚的或有益的，争论点往往围绕高尚或有益与否展开。政治演说可以争辩某个建议可能或不可能实现，或者指出对方的建议可能实现，但不正当，没益处，或者没那么重要。[④] 至于诉讼演说，被告人不会否认做了某事，也不会否认造成了伤害，而否认事情做得不正当。[⑤] 因此，在诉讼演讲中绝不会承认其行为不正当，总要为其行为的正当性寻找论据。“争论点”是论辩写作的一个核心问题，西塞罗详尽地分析了“争论点”理论，他指出：“如何恰当地寻找有待裁定的要点，一旦

---

① 亚里士多德．亚里士多德全集：第一卷·论题篇［M］．徐开来，译．北京：中国人民大学出版社，1990：353.

② 马玉珂．西方逻辑史［M］．北京：中国人民大学出版社，1985：45.

③ 亚里士多德．修辞学［M］．罗念生，译．上海：上海人民出版社，2004：378.

④ 亚里士多德．修辞学［M］．罗念生，译．上海：上海人民出版社，2004：378.

⑤ 亚里士多德．修辞学［M］．罗念生，译．上海：上海人民出版社，2004：157.

发现了，我们整个讲话的构成就要指向这个要点。"[①] 本文主要阐述亚里士多德写作理论，西塞罗的学说暂不展开。第二，需要论证的论题只是那种可能会使人生疑的，且证明不要与题目靠得太近，也不要离得太远，因为太近就没有什么困难了，太远则困难太多或超出了智力训练的范围。[②] 这意味着论辩的问题既不能太大，也不能太小，要做到大小合适，符合论辩文章写作的要求。

对于如何建构论证，亚里士多德提出如上所说的这些思想、技术和方法，认识且娴熟运用它们当能有助于正确提出并有效证明论题。不过，亚里士多德认为有三种艺术性的说服形式，在开题时除了要思考逻辑说服即提出命题、建构合理论证、使作者的理由值得信赖，还要考虑情感说服即如何对读者或受众施加影响，也要考虑伦理说服即如何展示作者的品性，要把这三者恰到好处地结合起来，多方面地对读者或受众造成影响。

四、余论

开题处于写作活动的准备阶段，需要处理多方面的探究活动。开题能否成功直接关系到文章写作能否顺利进行。亚里士多德修辞学充分探究了开题的性质、任务以及如何开题的技术、方法和原则，将"神与物游"的开题活动分解为一个个具体的工作任务，并提供开展工作的思维工具和表达方法，廓清了开题艺术神秘莫测的氛围，使写作技术可以传授、可以学习、可以训练，从而真正实现亚里士多德的写作教育理想，即通过教育、学习和训练使每个人都拥有用演说和写作表达自己并保护自己的能力，也具有阅读和与人交际对话的能力。西塞罗继承了亚里士多德的开题理论，并定义"开题"是"发现那些有效的或者似乎有效的论证，以便使一个人的理由变得比较可信"[③]。开题术作为古希腊罗马"修辞五艺"之首，其理论得到较为系统的阐述。

但是，亚里士多德创建的开题艺术在其后两千多年的修辞学传统中却屡有变迁。有两点值得指出：其一，文艺复兴时期有学者缩小修辞学范围，把觅材取材、构思布局划归逻辑学；其二，随着20世纪古典修辞学的

---

① 西塞罗．论公共演讲的理论［M］//西塞罗全集·修辞学．王晓朝，译．北京：人民出版社，2007：20.

② 亚里士多德．亚里士多德全集：第一卷·论题篇［M］．徐开来，译．北京：中国人民大学出版社，1990：366.

③ 西塞罗．论开题［M］//西塞罗全集·修辞学．王晓朝，译．北京：人民出版社，2007：147.

复兴，开题艺术在20世纪50年代重新回到修辞写作学。

16世纪，法国学者拉米斯（Peter Ramus）把古典修辞学中的开题艺术划归逻辑学。[①] 随后，近代实验主义哲学大师弗朗西斯·培根（Francis Bacon）从哲学认识论的角度批判修辞的开题术："用于言语或论辩的invention，恰当地说，不是invention，因为invent是要发现我们尚未认识的东西，而不是找回或召回我们已经知道的东西。言语或论辩的invention正是从我们头脑已有的知识中，取出那些跟我们目前正在追求的目标有关的东西。"[②] 培根认为修辞开题不能使人发现未知的东西，没有产生新的知识。他的说法变相贬低了开题艺术的价值。在这两方面共同作用之下，自文艺复兴开始，古希腊罗马的开题艺术在修辞学领域逐渐失去了"合法地位"。这种情况一直持续了三个多世纪。19世纪影响较大的文章写作与修辞教科书——亚历山大·贝恩（Alexander Bain）的《英语作文与修辞》（1866）依然将修辞术局限在文体风格上，包括修辞格和措辞法，而忽略开题和布局部分。这种狭隘的修辞学观点严重影响了现代大学写作教育。直到20世纪30年代，理查兹（I. A. Richards）说美国大学的作文与修辞最枯燥无味，学生获益很少。[③]

令人欣慰的是，从20世纪50年代开始，开题艺术重新回到修辞写作学。芝加哥大学韦弗（Richard Weaver）所著《作文：一门写作与修辞课》（1957）把古典修辞学的"省略三段论"和"论式"写进写作教科书。休斯（Richard Hughes）和杜哈梅尔（Albert Duhamel）合著的《修辞：原则与用法》（1962）比较全面系统地把古典修辞学理论用于写作教学。科比特（Edward P. J. Corbett）的《现代学生的古典修辞学》（1965）教材主体分别为"发现论题论点""材料布局""文体风格"，这正是古典"修辞五艺"之前三种。此后，学界对开题艺术的修辞价值日趋重视。例如，温特沃德（W. Ross Winterowd）的论文《写作过程中的主题和标准》（1973）认为形式理论和风格理论就是一套修辞发明理论，将修辞发明创造的过程统一起来，把开题看作一种发现意义的行为。又如，理查德·扬（Richard Young）和阿尔顿·贝克尔（Alton Becker）合著的论文《走向现代修辞学理论：法位语言学的贡献》（1965）把法位语言学理论的某些原则应用到修辞学中，指出有两种基本的启发式或发现程序，其中的修辞启发法即修辞发明。他俩的另一篇合著论文《论一种现代修辞学理论》（1975）明确

---

① 从莱庭，徐鲁亚．西方修辞学［M］．上海：上海外语教育出版社，2007.

② BACON，FRANCIS. The advancement of learning［M］. Oxford：At the Clarendon Press，1900：155.

③ 顾曰国．西方古典修辞学和西方新修辞学［J］．外语教学与研究，1990（2）：21.

指出，“修辞的力量和价值看起来……是与开题术联系在一起的；一旦修辞与探讨的系统方法和内容问题相分离，那它就会成为一种表面的、边缘的事情”（Berlin，1987：120－138），进一步强调开题艺术在修辞学中的价值。①

总之，20 世纪中叶以来，亚里士多德开题理论的学术价值越来越被重视，相关研究有力地促进了现代西方修辞与写作理论的发展。20 世纪 90 年代以来，亚里士多德的修辞学说进入中国写作学界，与传统文章学相结合，对当代中国写作理论建设的启发很大，在写作教育领域也产生了显著影响。

参考文献

1. 西塞罗．论开题［M］//西塞罗全集·修辞学．王晓朝，译．北京：人民出版社，2007.

2. 陆机．文赋集释［M］．张少康，集释．北京：人民文学出版社，2002.

3. 刘勰．文心雕龙译注［M］．陆侃如，牟世金，译注．济南：齐鲁书社，1995.

4. 亚里士多德．修辞学［M］．罗念生，译．上海：上海人民出版社，2004.

5. 戴红贤，何晓路．修辞术与论辩术：论证艺术——亚里士多德散文写作理论：一［J］．写作，2019（2）．

6. 马玉珂．西方逻辑史［M］．北京：中国人民大学出版社，1985.

7. 柏拉图．文艺对话集［M］．朱光潜，译．北京：人民文学出版社，1963.

8. 亚里士多德．亚里士多德全集：第一卷·后分析篇［M］．余纪元，译．北京：中国人民大学出版社，1990.

9. 亚里士多德．亚里士多德全集：第一卷·解释篇［M］．秦典华，译．北京：中国人民大学出版社，1990.

10. 亚里士多德．亚里士多德全集：第一卷·论题篇［M］．徐开来，译．北京：中国人民大学出版社，1990.

11. 亚里士多德．亚里士多德全集：第一卷·前分析篇［M］．余纪元，译．北京：中国人民大学出版社，1990.

12. 西塞罗．论公共演讲的理论［M］//西塞罗全集·修辞学．王晓朝，译．北京：人民出版社，2007.

13. BACON，FRANCIS. The advancement of learning［M］．Oxford：At the Clarendon Press，1900.

14. 从莱庭，徐鲁亚．西方修辞学［M］．上海：上海外语教育出版社，2007.

15. 顾曰国．西方古典修辞学和西方新修辞学［J］．外语教学与研究，1990（2）．

16. BERLIN，JAMES. Rhetoric and reality：writing instruction in American colleges 1900－1985［M］．Carbondale：Southern Illinois University Press，1987.

① BELIN，JAMES. Rhetoric and reality：writing instruction in american colleges 1900－1985［M］．Carbondale：Southern Illinois University Press，1987.

Seeking a Proposition and Constructing an Argument: On Aristotle's Art of Invention

Dai Hongxian　Wang Hailong

(*College of Chinese Language and Literature*, *Wuhan University*, *Wuhan*, 430072)

Abstract: Aristotle explained systematically the art of Invention for the argumentative writing. He divides the subject-matter in the argumentative writing into three kinds: deliberative, forensic, and epideictic. And he used proposition theory to help someone analyze the subject-matter, make a judgment and find a suitable proposition. Then he used syllogism to construct rhetorical argument which is different from demonstrative reasoning and dialectical reasoning, so as to realize rational persuasion of the argumentative writing supplemented by two persuasive factors that affect the audience's emotion and show the author's character. The construction of rhetorical argumentation with rational characteristics is the main body of the argumentative writing. The subject of the art of Invention, especially the rhetorical argument, was controversial in the history of western writing theory, but it had been paid more attention by the academic circle in the middle and late 20th century, and had a wide and profound impact.

Key Words: proposition; argument; Aristotle; invention; rhetoric

上古汉语音顿律节奏构建模式探析（下）

李　索①

（大连大学文学院　大连　116622）

摘　要：节奏是语言形式的灵魂，中节合律是先民音乐和语言表达的终极标准。音步层音顿律节奏是汉语节奏的基本形式。本文从同类词语增加、同义词并列使用、常用虚词调节、词头与衬字的运用等方面，系统探讨了上古汉语音步层音顿律节奏的构建方法，初步将其归纳为9种模式，并简要分析了其修辞功能与历史演变。研究发现，先秦时期构建音顿律、追求音乐美是一种自觉的修辞行为，且形成了一套固定模式。对语言音乐美的追求是汉语词汇复音化发展的内在动力之一。本部分主要分析虚词、衬字、词头的运用所构建的音顿律节奏模式。

关键词：上古汉语；音顿律节奏；虚词；模式

一、运用虚词构建音步层音顿律节奏

虚词，古人称之为辞、词、虚字、助字、助词，在上古汉语中不仅具有组词成句的重要语法功能，而且具有显著的修辞作用。古人很早就注意到了这一点。南朝梁·刘勰认为："至于'夫惟盖故'者，发端之首唱；'之而于以'者，乃札句之旧体；'乎哉矣也'者，亦送末之常科。据事似闲，在用实切。巧者回运，弥缝文体，将令数句之外，得一字之助矣。"②虚词看似没有实在意义，但可"弥缝文体"，在行文中作用"实切"。

宋·陈骙说得更形象："文有助辞，犹礼之有傧，乐之有相也。礼无傧则不行，乐无相则不偕，文无助则不顺。"③ 这个"顺"可以理解为辞气通顺，也可以说是音律和谐。

清·刘淇说得更实在："构文之道，不过实字虚字两端，实字其体骨，而虚字其性情也。"④"性情"显然是以人作喻，指文章的情感格调。

---

① 作者简介：李索，四川大学汉语言文字学博士，大连大学教授，研究方向为汉语史、古汉语修辞及儒学经典文献。

② 周振甫．文心雕龙今译［M］．北京：中华书局，1986：310－311.

③ 陈骙．文则［M］．北京：人民文学出版社，1960：9.

④ 刘淇．助字辨略·自序［M］．北京：中华书局，1954：1.

清·刘大櫆则直言:“文必虚字备而后神态出。”(《论文偶记》)①

当然，这些论述主要是从传统的文章学和修辞学的角度进行评价的。虚词的运用作为修辞手段，主要目的是构建语言的音乐美。在构建音步层音顿律节奏的过程中，一些虚词既无词汇意义，语法作用也不明显，从词汇和语法的角度看，去掉也无妨，它们的使用纯粹是出于构建音律节奏的需要。这种情况至少有以下2类9种。

（一）虚词+单音词，构成音步层音顿律节奏，用于双音步结构之尾（X+D式）

1. 助词“之”+单音词

助词“之”用法灵活多样，用于定语和中心语之间起连接作用最为常见。从语音修辞的角度看，助词“之”往往加在定中结构的单音节中心语前面，与之构成音步层音顿律节奏。

（1）恻隐之心，仁之端也；羞恶之心，义之端也；辞让之心，礼之端也；是非之心，智之端也。(《孟子·公孙丑章句上》)

这种结构中的“之”，从本质上讲，是为了满足构建音顿律、和谐节奏的修辞需求。因为这种“之”字可以用，也可以不用，于表意无妨。马建忠曾指出:“偏正两次之间，‘之’字参否无常。惟其语欲偶，便于口诵。”②

（2）寡人之妻，孤人之子，独人父母……(《汉书·西南夷两粤朝鲜传》)

“妻”“子”单音节，加“之”字，构成偶数；“父母”已是双音节，故不再加。

（3）神农因天之时，分地之利，制耒耜，教民农作。(《白虎通义·德论上》)

“时”和“利”，均加“之”字，构成偶数音节。

① 刘大櫆．论文偶记［M］．北京：人民文学出版社，1959：9.

② 吕叔湘，王海棻．马氏文通读本［M］．上海：上海教育出版社，1986：165.

（4）天时不如地利，地利不如人和。（《孟子·滕文公下》）

“天时”“地利”之间不加“之”字，因为本身已为偶数。

其实，这种现象并不仅仅限于定语和中心语之间。

（5）是天地之变，阴阳之化，物之罕至者也。（《荀子·天论》）

“变”“化”是动词，加上“之”字，分别与“天地”“阴阳”构成双音步音顿律节奏。

（6）夫子之墙数仞，不得其门而入，不见宗庙之美、百官之富。（《论语·子张》）

“美”“富”是形容词，不加“之”字，意义也很清楚，加上“之”字，节奏更明快，更合乎节律节拍。

2. 连词“而”＋单音词

“而”是上古汉语中使用最多、用法最灵活的一个连词，主要连接动词、形容词或动词性、形容词性词组，也可连接分句。连接的前后两项具有并列、承接、递进、转折、因果、状中、主谓及条件与结果、手段与目的等多种关系。建构音顿律节奏的“而”字，主要用在状中结构的中心语之前或是主谓关系的谓语之前。

（7）提刀而立，为之四顾。（《庄子·养生主》）

（8）君子之泽，五世而斩。（《孟子·离娄下》）

（9）子产而死，谁其嗣之？（《左传·襄公三十年》）

（10）人言楚人沐猴而冠耳，果然。（《史记·项羽本纪》）

前两例“而”加在单音节中心语前，与状语部分构成双音步音顿律节奏。后两例“而”用于主语和谓语之间，同单音节谓语构成音顿律音步节奏。从表意角度看，4 例“而”字均可不用。

3. 连词“以”＋单音词

连词“以”主要是在动词、形容词或动词性、形容词性词组及句子中间起连接作用。连接的前后两项具有联合、承接、因果、手段与目的、方式状态与结果等关系。“以”字加在单音节动词前面，用来构建音顿律节奏，构成的音顿律节奏常置于双音步结构之后，也可置于双音步结构之前。

(11) 若潜师以来，国可得也。(《左传·僖公三十二年》)
(12) 于是怀石遂自投汨罗以死。(《史记·屈原贾生列传》)
(13) 受策以出，出入三覲。(《左传·僖公二十八年》)
(14) 虏秦三将以归。(《史记·秦本纪》)

例中的“以”字去掉后，可以改变句法结构的形式，但表意不受影响。

“以”与单音词构成的音步一般置于相邻的音步之后，有时也可置于前面。

(15) 为臣者不忠而邪，以趋爵禄……(《管子·宙合》)
(16) 以出以入，以就鲜洁，似善化。(《荀子·宥坐》)

由于“而”“以”主要用于连接“谓词”，与主要连接“体词”的“之”用法不同，在构成音顿律方面远没有“之”字使用得全面、广泛。

4. 介词“于”+单音词

介词“于”的主要语法功能是与名词、代词或名词性词组构成介词结构充当状语或补语。引进动作行为发生的时间、处所、原因及关涉的对象、比较的对象或是主动者。人们发现，上古文献中，在动词或动词性结构后面引进动作行为发生的处所时，介词“于（於）”有时用，有时不用。如：

(17) 吾闻出于幽谷，迁于乔木者……(《孟子·滕文公上》)
(18) 民扶老携幼，迎君道中，终日。(《战国策·齐策四》)

出于幽谷、迁于乔木用“于”字，却不说“迎君于道中”。

马建忠最早从语法的角度谈到这个问题：“记所经之处，后乎动字而无介焉。”“记所至之处，后乎内动，无介字者常也，然有介以‘于’字者。”“记所在之处，介以‘于’字者常也，不介者有焉。”“至外动字或受动字，其后记所在之处，亦概以‘于’字为介。”① “无介字者”，即不用“于”的情况。为什么加“于”或不加“于”？马建忠举过一个很好的例子：

① 吕叔湘，王海棻. 马氏文通读本［M］. 上海：上海教育出版社，1986：287－291.

（19）东攻秦军于尸，南攻秦军于犨。（《史记·樊郦滕灌列传》）
（20）东功秦军尸乡，南攻秦军于犨。（《汉书·樊郦滕灌傅靳周传》）

两句意思完全相同，句式也一致，只是“于”字的使用情况不一。表示地名的“尸”“犨”是单字时，加“于”；双字时（如“尸乡”），则不加“于”。马氏认为：“曰‘尸’曰‘犨’，两地名皆单字，皆加‘于’字以足之。至‘尸乡’则双字矣，不加‘于’字者，殆为此耶?”又说：“‘东攻秦军’四字，如续以单字地名，则五之，不偶矣，然未敢拘为定例也。”① 在马氏看来，音节的奇偶是“于”字使用的内在原因，这是有道理的。我们考察了《论语》中全部182例“于”字的用法，发现除去引进主动者的“于”字一般不可少外，其他功能的“于”字在某种条件下都可不用。以音节奇偶为“于”字取舍标准的情况，也不仅仅限于“述/述宾±于+地点名词/词组”句式中，范围要宽得多②。

（21）信近于义，言可复也；恭近于礼，远耻辱也。（《论语·学而》）

比较：子曰：“刚毅木讷，近仁。”（《论语·子路》）“近仁”本身已是双音节，加“于”反而破坏了节奏，故不加。

（22）由也升堂矣，未入于室也。（《论语·先进》）

“室”前加“于”，构成双音节；“堂”前则不加，“升堂”已是完整的音步。

（23）当仁，不让于师。（《论语·卫灵公》）

“师”前加“于”字，比较：“推贤让能而安随其后。”（《荀子·仲尼》）“让能”不作“让于能”。

例（21）“信近于义”“恭近于礼”可以说成“信近义”“恭近礼”；例（22）“未入于室”可以说成“未入室”；例（23）“不让于师”可以说成“不让师”，表意清楚且行文简洁，但与节律不谐，所以要加“于”，以谐和音律。

---

① 吕叔湘，王海棻．马氏文通读本［M］．上海：上海教育出版社，1986：292.

② 李索，张琪．文言虚词“于”运用中的修辞因素新探［M］//修辞研究：第二辑．广州：暨南大学出版社，2017：28－37.

介词“于”组成的音步一般置于与之相邻的音步之后，有时也置于相邻的音步前面。

（24）食夫稻，衣夫锦，于女安乎？（《论语·阳货》）
（25）唐虞之际，于斯为盛。（《论语·泰伯》）
（26）必不得已而去，于斯三者何先？（《论语·颜渊》）

5. 副词“相”+单音词

《说文·木部》：“相，视也。”作为虚词，“相”的常用义是“互相”“交相”。但在上古汉语中，“相”字还有一种较特殊的用法，即有关A、B双方一方施而不受，一方受而不施，吕叔湘先生称之为“偏指”，并认为“虚助字之用法，往往因时而变，其动机有未可尽得而明者；然窃疑相字之此种发展与古人应用三身代词之习惯不无关系。先秦文字不避尔我，《诗》《书》诸子皆然。秦汉以降，用君、公、臣、仆等字以相代者浸浸日甚，自非于其亲密或卑幼，不得轻为尔汝之称……是则偏指之相之所以独盛于宾语为第二或第一身之句，不为偶然也”①。吕先生此说很有道理，然而对宾语是第三人称者和不属于人称代词者，则又付之阙如。此外，某些“相”字从语意上看似乎去掉也无妨。如：

（27）彼视三釜三千钟，如观雀蚊虻相过乎前也。（《庄子·寓言》）

“过乎前”即可，“相”字无意。

（28）慈答曰：“……吾用意太过，乃相败章……”（《三国志·吴志·太史慈传》）

太史慈说，是我意气过火，才毁坏了公文。无“相”字亦可。

对此，杨伯峻先生认为“这或者是古人语病，或者是本有这种用法”②。我们认为，“相”字的这种用法有着积极的修辞意义，是古人构建音顿律节奏的方法之一。

（29）音声相和，前后相随。（《道德经·二章》）

---

① 吕叔湘．相字偏指释例［M］//汉语语法论文集．北京：科学出版社，1955：32.
② 杨伯峻．古汉语虚词［M］．北京：中华书局，1981：212.

徐大椿注："凡响皆谓之声，声出而相应者谓之音，有声而后有音。"河上公注："上唱下必和也，上行下必随也。"音和声，后随前，二者不是相互关系，加上"相"字以构成音顿律节奏。

(30) 故夏书曰："遒人以木铎徇于路，官师相规，工执艺事以谏。"(《左传·襄公十四年》)

杨伯峻《春秋左传注》："官师，一官之长，其位不甚高。""相规"指对当朝者提出规谏。不用"相"字，"官师规"即可。加"相"字构成两音音顿律节奏形式。

(31) ……其能降以相从也。无滋他族实逼处此，以与我郑国争此土也。(《左传·隐公十一年》)

句中"相从"，实指许国服从郑国，去掉"相"字，于语意无妨，然加上"相"字，与"从"构成音顿律节奏，更便于称说。

(32) 昊天上帝，则不我遗。胡不相畏？先祖于摧。(《诗·大雅·云汉》)

"相畏"是民畏天，不是天民互相畏惧。

(33) 日居月诸，下土是冒。乃如之人兮，逝不相好。(《诗·邶风·日月》)

"相好"是好之，与之友好，不是"互相友好"。

例（32）（33）两例，加"相"字构成音顿律节奏，同时也是为了符合《诗经》四字句式的要求。

（二）单音词 + 虚词，构成音步层音顿律节奏，用于双音步结构之首（D + X 式）

1. 单音词 + 助词"之"

(34) 冀之北土，马之所生。(《左传·昭公四年》)

(35) 鸟之将死，其鸣也哀；人之将死，其言也善。(《论语·泰伯》)

(36) 皮之不存，毛将安附？(《左传·僖公十四年》)

例（34）两个“之”字用于定语和中心语之间，最为常见。例（35）（36）的“之”字用于主谓之间，相对较少。

2. 单音词 + 连词“而”

（37）学而不思则罔，思而不学则殆。(《论语 · 为政》)
（38）长驱到齐，晨而求见。(《战国策 · 齐策》)
（39）士而怀居，不足以为士矣。(《论语 · 宪问》)

从意义层面上看，例中的“而”字均可不用。从修辞层面上看，“而”同前面的单音词一起构成音顿律节奏，不可或缺。

3. 单音词 + 介词“于”

（40）今者臣来，过于淄上……(《战国策 · 齐策三》)
（41）吾闻出于幽谷，迁于乔木者……(《孟子 · 滕文公上》)
（42）夫鹓鹐，发于南海而飞于北海。(《庄子 · 秋水》)

4. 单音词 + 语气词“也”

（43）由也为之，比及三年，可使有勇，且知方也。(《论语 · 先进》)
（44）今也废礼而尚刑，故民弥暴。(《孔丛子 · 刑论》)
（45）耕也，馁在其中矣；学也，禄在其中矣。(《论语 · 卫灵公》)

二、运用衬字和词头构建音步层音顿律节奏

“衬字”没有词汇意义和语法意义，只用来调节音律节奏。由于衬字起不到传递语义、语法信息的作用，因此，它只是言语交际过程中的一种“添衬”成分。从词汇和语法角度看，它是一种“羡余”成分。但由于它能够调整音节、和谐节奏，因此，韵文中经常使用。

（一）衬字 + 单音词，构成音步层音顿律节奏

1. 衬字 + 单音词（CZ + D 式）

（46）载驰载驱，归唁卫侯。(《诗 · 鄘风 · 载驰》)
（47）思乐泮水，薄采其藻。(《诗 · 鲁颂 · 泮水》)
（48）之子于归，言秣其马。(《诗 · 周南 · 汉广》)
（49）击鼓其镗，踊跃用兵。(《诗 · 邶风 · 击鼓》)

“载”“薄”“于”“言”“其”均无实意，置于单音词前构成音顿律节奏。“于归”“其镗”用于双音步结构之尾，其他 3 例用于双音步结构之首。

2. 单音词 + 衬字（D + CZ 式）

(50) 驾言出游，以写我忧。(《诗·邶风·泉水》)
(51) 汉之广矣，不可泳思。(《诗·周南·汉广》)
(52) 夜如何其？夜未央，庭燎之光。(《诗·小雅·庭燎》)

“言”“思”“其”均置于单音词后面构成音顿律节奏。“驾言”用于双音节音步之首，后 2 例用于双音节音步之尾。

衬字用法灵活，可用于单音词前面，也可处于单音词后面。组成的音步可置于双音步结构之首，也可置于双音步结构尾部。

（二）词头 + 单音词，构成音步层音顿律节奏（CT + D 式）

词头与衬字不同，词头尽管没有词汇意义，但可以起到标明词性的作用，从而透露出一定的语法信息。从组合关系上看，它先同后面的单音节语素组合成一个复音词后再进入句子。但其最主要的功能似乎仍体现在修辞方面——凑足音节，调整节奏。上古汉语中最常见的是“有”字作为词头，用于单音节的朝代、国家、部族等专有名称前，组成复音词，建构音步层音顿律节奏。

(53) 有周不显，帝命不时。(《诗·大雅·文王》)
(54) 有夏昏德，民坠涂炭……(《尚书·仲虺之诰》)
(55) 昔者禹征有苗，汤伐桀，武王伐纣……(《墨子·非攻下》)
(56) 友于兄弟，施于有政。(《论语·为政》)
(57) 豺狼不食，投畀有北。(《诗·小雅·巷伯》)

前 3 例，“有”与专有名词组合，后 2 例同普通名词组合，一起构成音步层音顿律节奏。

音步层音顿律节奏是汉语节奏的基础，上古汉语以单音词为主，不利于音步节奏的构建。为了追求言语表达的优美和谐，古人从实词并列、虚词调节及增加词头衬字三个方面为单音词增加一个音节，以构建音步层音顿律节奏。具体模式包括实词运用 4 种，虚词运用 2 种，衬字运用 2 种，词头运用 1 种。其中虚词数量多，用法最灵活，本文所归纳的 9 种细类只涉及“之”“而”“以”“于”“相”“也”等有代表性的几个，文献语言中还有一些虚词也有相似功用，有待继续研究。

参考文献

1. 阮元. 十三经注疏［M］. 上海：上海古籍出版社，1997.
2. 刘勰. 文心雕龙［M］. 北京：中华书局，2012.
3. 陈骙. 文则［M］. 北京：人民文学出版社，1962.
4. 刘大櫆. 论文偶记［M］. 北京：人民文学出版社，1959.
5. 段玉裁. 说文解字注［M］. 上海：上海古籍出版社，1982.
6. 刘淇. 助字辨略·自序［M］. 北京：中华书局，1954.
7. 王力. 王力全集·龙虫并雕斋文集［M］. 北京：中华书局，2015.
8. 杨伯峻. 古汉语虚词［M］. 北京：中华书局，1981.
9. 吕叔湘. 汉语语法论文集［M］. 北京：科学出版社，1955.
10. 吕叔湘，王海棻. 马氏文通读本［M］. 上海：上海教育出版社，1986.
11. 周振甫. 文心雕龙今译［M］. 北京：中华书局，1986.
12. 吴敏洁，朱宏达. 汉语节律学［M］. 北京：语文出版社，2000.

The Pattern Construction of Ancient Chinese Syllable’pause Rhythms（Second Part）

Li Suo

(*College of Chinese Language and Literature*, *Dalian University*, *Dalian*, 116622)

Abstract: The rhythm is essence of language form. The foot-based syllable-pause rhythm is the fundamental feature in Chinese Language. This research explores the pattern construction of ancient Chinese syllable-pause rhythms, and formulates 9 patterns, and discusses their functions and historical development. The findings show that in the Pre-Qin period, construction of melodious syllable-pause rhythms was a conscious rhetoric pursuit, and relevant set patterns were formed. The pursuit of melodic language form was one of driving factors in Chinese lexical complex tones. This paper aims to introduce patterns of ancient Chinese syllable-pause rhythms in function words, euphony and prefixes.

Key Words: ancient Chinese; syllable-pause rhythms; function words; pattern

也谈“人闲桂花落”的“桂花”

宋亚云　刘　伟[①]
（北京大学中文系　北京　100871）

摘　要：《全唐诗》中，凡同时出现“桂花”和“落”三字之诗句，“桂花”皆实指自然界之桂花或月中桂树所开之花，很少指月亮或者月光。唐诗中表示“月光”的词语多用“清光”“光华”“桂华”“月波”“寒光”“皎洁”“素光”等，很少用“桂花”。这些词语多搭配“满”“澄”“清”“皎”等字，均不搭配“落”字。唐诗中写月出多状寂静，而不是衬托悠闲。“桂花”若指月光，则不太符合唐人写月出之诗所隐含的一般空间认知顺序。根据相关记载，在王维生活的时期，桂花能够在陕西长安城附近生长开花。

关键词：桂花；月光；正解

一、既往研究

王维《鸟鸣涧》：“人闲桂花落，夜静春山空。月出惊山鸟，时鸣春涧中。”诗中的“桂花”，究竟是指自然界之桂花，还是指“月光”，又或者别有所指，历来有不同意见。总计有以下几种说法：

（一）春桂说

中国社会科学院文学研究所编的《唐诗选》（人民文学出版社，1978年）：

“桂花”，亦称木犀，有春花、秋花、四季花等不同种类，此处所写当是春日发花的一种。一说是冬天开花的桂，春深花落。“闲”，寂静意。在寂无人声人迹处，花开花落无声无息。

（二）月光说

朱东润主编《中国历代文学作品选》中编第一册（上海古籍出版社，

① 作者简介：宋亚云，北京大学中文系研究员、长聘副教授，北京大学中国语言学研究中心研究员。刘伟，北京大学中文系2020级博士研究生。

1963年）作“人间桂花落”，注释：

人间句：“桂花落人间”的倒文。意谓月光照亮了大地。古代神话说月中有桂，所以桂往往成为月的代称，如月魄称桂魄。桂花，即月华。花、华字同。

葛杰、仓阳卿《绝句三百首》（上海古籍出版社，1980年）：

桂花——月亮的光华。古代神话中说，月亮中有桂树，所以桂往往被用来作为月的代称。“人间桂花落”，即“桂花落人间”。意思说：月亮的光华洒落在大地上。

但是也有学者反对“月光说”，如刘璞（1983）《“桂花”不是月光：兼评对“桂花”的两种训释》：

我们认为，无论是从词语训释、句法关系以及艺术风格等方面考虑，将“桂花”训释为“月光”都是不对的。

郭锡良（2002，2015）支持“月光说”。郭锡良（2002）《王维〈鸟鸣涧〉的桂花》综合《本草纲目》等几种本草名著的意见，得出结论：

桂有多种，有春季开花的，有四季开花的，但是都只生长在南方亚热带地区，像福建、广东、广西、云南等地。岭南以北，长江、黄河流域，都只生长八、九月盛开的秋桂。不仅明清以前的古代如此，现在也还是如此。……王维写的陕西蓝田鸟鸣涧，当时不可能有春天开花的桂树，因此《鸟鸣涧》中的“桂花”，只可能是指代月光。

蔡义江（2002）《新解难圆其说：也谈〈鸟鸣涧〉中的“桂花”》不同意“月光说”，并列举李德裕《春暮思平泉杂咏》之一《山桂》，于武陵《友人南游不回因而有寄》《山中桂》等，证明唐代黄河流域的河南洛阳南，与陕西蓝田同一个地方的鄠、杜都有春天开花的桂树。汪少华（2010）《从“人闲桂花落”训释谈起》一文支持蔡说。

郭锡良（2015）《再谈〈鸟鸣涧〉的释读问题：答蔡义江〈新解难自圆其说〉》重申“月光说”，指出蔡文没有弄清楚《鸟鸣涧》是写山区春忙季节的夜景；又分析、推论王维隐居终南山的辋川别墅很可能是处在一个东南山势比西边高的山谷。郭先生还参观了蓝田猿人出土处和王维辋川别墅遗址，发现遗址的地形完全符合他对《鸟鸣涧》的分析、推论。郭先生指出“桂花”如果不认准是指月光的话，那么不但这句诗无法落实字、词、句，整首诗也无法说清楚。

（三）“隐逸的象征意象”说

叶盈（2009）《再说王维〈鸟鸣涧〉的“桂花”》指出：

在王维这首诗中似不宜解作月光，而将诗中的“桂花”等同于现实中的桂花也显得太实，不如据《招隐士》的出典及楚辞“香草美人”的隐喻传统，解为隐逸的象征意象更符合古典诗歌的表现手法。

（四）“艺术真实不等于生活真实”说

刘学锴等（2000）《唐代绝句赏析》指出：

有一种解释说，桂花品种很多，其中有春花，也有四季花，此诗所写的大约是春花。这种考证不免拘泥。其实，诗中之所以写桂花，而不写别的花，是因为桂花夜来特香，而且习惯上，人们总是把它与明月的形象紧密联系在一起（在传说中，月里还有一株桂树呢）。诗中写月夜，出现桂花，使人感到很和谐。《梦溪笔谈》有这样一段记载：“书画之妙，当以神会，难可形求也。……彦远评画，言王维画物多不问四时，如画花，往往以桃、李、芙蓉、莲花同画一景，余家所藏摩诘（王维）画《袁安卧雪图》，有雪中芭蕉。此乃得心应手，意到便成，故造理如神，迥得天意。此难可与俗人论也。”这段话对于理解王维此诗中写的春夜桂花有启发。用现代文艺理论的语言说，就是艺术的真实并不等于生活真实。

以上四说，以前两说意见分歧最大。

本文分三部分，首先，我们全面调查了《全唐诗》中所有出现“桂花”以及同时出现“桂花”和“落”三字的诗句，在此基础上指出：①“桂花落”之“桂花”皆实指自然界之桂花，很少指月光。②唐诗中表示“月光”的词语多是“清光”“光华”“桂华”“月波”“寒光”“皎洁”“素光”等，很少用“桂花”。这些词语多搭配“满”“澄”“清”“皎”等字，均不搭配“落”字。③唐诗中写月出多状寂静，而不是衬托悠闲。其次，“桂花”若指月光，则不太符合唐人写月出之诗所隐含的一般空间认知顺序。最后，根据相关记载，在王维生活的时期，桂花能够在陕西长安城附近生长开花。下面分述之。

二、《全唐诗》中的“桂花落”

首先，我们调查了《全唐诗》中“桂花”与“落”共现以及不共现的情况，发现《全唐诗》中出现“桂花”而未出现“落”字的诗句，主要有三种情况：

（1）有时“桂花”指月中桂树所开之花，但不是指月亮或月光。如：

《寒林寺》（李绅）：“岩树桂花开月殿，石楼风铎绕金仙。”
《代董秀才却扇》（李商隐）：“若道团圆似明月，此中须放桂花开。”
《桂花曲》（佚名）：“可怜天上桂花孤，试问姮娥更要无？”
《东城桂三首》（白居易）：“遥知天上桂花孤，试问嫦娥更要无？”
《李夫人歌》（李贺）：“翩联桂花坠秋月，孤鸾惊啼商丝发。”
《一片》（李商隐）：“榆荚散来星斗转，桂花寻去月轮移。”
《月夕》（李商隐）：“兔寒蟾冷桂花白，此夜姮娥应断肠。”
《题秦女楼》（刘沧）：“青楼月色桂花冷，碧落箫声云叶愁。”
《登玉山诸峰，偶至悟真寺》（钱起）：“玉气交晴虹，桂花留曙月。”
《上裴侍郎》（王涣）：“珠彩下连星错落，桂花曾对月婵娟。”
《月映清淮流》（无名氏）：“淮月秋偏静，含虚夜转明。桂花窥镜发，蟾影映波生。”

（2）有时也指自然界之桂花。如：

《长安古意》（卢照邻）：“独有南山桂花发，飞来飞去袭人裾。”
《和韦使君秋夜见寄》（丘丹）：“露滴梧叶鸣，秋风桂花发。”
《定情篇》（乔知之）：“下有碧流水，上有丹桂香。桂花不须折，碧流清且洁。”
《崔九弟欲往南山马上口号与别》（王维）：“山中有桂花，莫待花如霰。”
《咏韩氏二子》（贾岛）：“千岩一尺壁，八月十五夕。清露堕桂花，白鸟舞虚碧。”
《忆游天台寄道流》（张佐）：“石笋半山移步险，桂花当涧拂衣轻。”
《山茱萸》（王维）：“朱实山下开，清香寒更发。幸与（一作有）丛桂花，窗前向秋月。”

《送高三之桂林》（王昌龄）："岭上梅花侵雪暗，归时还拂桂花香。"

《入桂渚次砂牛石穴》（刘长卿）："枫林月出猿声苦，桂渚天寒桂花吐。"

《谢陆处士杼山折青桂花见寄之什》（颜真卿）："群子游杼山，山寒桂花白。"

《出城》（李贺）："雪下桂花稀，啼乌被弹归。"

（3）用"桂花"指月亮的很少。如：

《有所思》（李贺）："自从孤馆深锁窗，桂花几度圆还缺。"

但是，《全唐诗》中，只要"桂花"与"落"共现，一律指自然界之桂花。如：

《长沙赠衡岳祝融峰般若禅师》（刘长卿）："桂花寥寥闲自落，流水无心西复东。"

《楚宫行》（张籍）："章华宫中九月时，桂花半落红橘垂。"

《江南杂体》（王建）："日夜桂花落，行人去悠悠。"

《友人南游不回因寄》（姚合）："桂花风畔落，烟草蝶双飞。"

《送张校书季霞》（贾岛）："秦吟宿楚泽，海酒落桂花。"

有一例"桂花落"指月光洒落，但有异文[①]：

《洞宫夕》（陆龟蒙）："月午山空桂花（一作中天月冷霜华）落，华阳道士云衣薄。"

其次，我们发现，唐诗中，前面写到月出，若再复说月光，多用"清光""金波""光华""桂华""月波""寒光""皎洁""素光"，且多搭配"满""澄""清""皎"等字，均不搭配"落"字。

《冬夜宿仙游寺南凉堂，呈谦道人》（岑参）："夜来闻清磬，月出苍

① 蒙北大中文系程悦博士见告，这一例似乎也可以理解成植物"桂花"，因为已经说了"月午"，再复说月光，可能有重复之嫌，异文之一也许可以算两可的例子。由于将"桂花"理解成"月光"后，整首诗即先写月光，再写月出，这个顺序在事理上也不太好理解。这一点，学界不少学者也指出过。

山空。空山满清光，水树相玲珑。”

《五言玩初月重游联句》（颜真卿）：“春溪与岸平，初月出溪明。壁彩寒仍洁，金波夜转清。孤光远近满，练色往来轻。”

《秋怀》（白居易）：“月出照北堂，光华满阶墀。”

《秋夜望月忆韩席等诸侍郎因以投赠》（李林甫）：“秋天碧云夜，明月悬东方。皓皓庭际色，稍稍林下光。桂华澄远近，壁彩散池塘。”

最后，唐诗中，写月出之诗，常常伴随着描写夜之幽静、寂静。如：

《刘景阳东斋》（贾岛）：“劝我不须归，月出东斋静。”

《西枝村寻置草堂地，夜宿赞公土室二首》之二（杜甫）：“天寒鸟已归，月出山更静。”

《禁中寓直梦游仙游寺》（白居易）：“西轩草诏暇，松竹深寂寂。月出清风来，忽似山中夕。”

有时为了衬托幽静，通过描写各种声响来反衬其时之幽静，如“风松”“松鸣”即写风吹松树发出的声音，“风惊蝉”“寒蝉鸣”“鹤鸣”“白猿啼”即写动物鸣叫的声音：

《自潘陵尖还少室居止，秋夕凭眺》（岑参）：“草堂近少室，夜静闻风松。月出潘陵尖，照见十六峰。”

《金门答苏秀才》（李白）：“月出石镜间，松鸣风琴里。”

《送永寿王赞府径归县》（岑参）：“夜深露湿簟，月出风惊蝉。”

《山中别庞十》（王昌龄）：“幽娟松筱径，月出寒蝉鸣。”

《不食仙姑山房》（张籍）：“月出溪路静，鹤鸣云树深。”

《别东林寺僧》（李白）：“东林送客处，月出白猿啼。”

“月出惊山鸟，时鸣春涧中”显然也属于此类表达方式。如果“人闲桂花落”的“桂花”指代月光，月光洒落如何能够衬托夜静呢？如果将“桂花”理解为自然界之桂花，则正如葛兆光《唐诗选注》所言：

所谓“人闲桂花落”即是在人安闲静坐时体察到的花开花落，……而在极静谧的时候，常常又会听到自然极细微的声音，……这种细微的声响更增加了四周的静谧感，所以王维曾多次写到过鸟鸣涧一类的意境，像“谷鸟一声幽”（《过感化寺昙兴上人山院》）、“谷静泉逾响”（《奉和圣制幸玉真公主山庄因题石壁十韵之作应制》）、“谷静惟松响”（《游感化寺》）……

三、《全唐诗》“月出”之诗的认知隐含

我们就《全唐诗》中出现“月出”的诗篇进行了全面统计，除偶合的“月出”诗句外，剩余“月出”写景诗歌共104首。我们对这些诗歌进行了分析整理、统计分类之后，得出有三类写“月出”的方式，反映了诗人在进行诗歌创作时内心所隐含的空间认知思维。

首先，先写天际之月，后写眼前之景，视觉认知由远及近。此类认知方式在《全唐诗》写“月出”的诗歌中十分普遍，符合一般人对于月亮和景色的上下空间感知方式。

《相和歌辞·长门怨》（吴少微）：“月出映曾城，孤圜上太清。君王春爱歇，枕席凉风生。”

《踏歌词》（刘禹锡）：“春江月出大堤平，堤上女郎连袂行。唱尽新词欢不见，红霞影树鹧鸪鸣。”

《清夜琴兴》（白居易）：“月出鸟栖尽，寂然坐空林。是时心境闲，可以弹素琴。”

唐诗中的绝句基本采取此类由上到下的描摹方式凸显“月出”之景，表现明月的皎洁和清澈，再由远及近地写到近处的人、事、物。律诗中大多也采取该种写作方式。《长门怨》先从远处“月出”之景写起，进而写到身边之枕席，这是由“月出”写到人。《踏歌词》从远处江上明月之景色，写到月光照洒在近处的树木，引起一阵鹧鸪鸣叫，这是由“月出”写到景物。《清夜琴兴》中写到天际“月出”时的寂静无声，进而写到闲适抚琴，这是由“月出”写到人、事。通过天际之月写到身边的人、事、物，从观察事物的角度而言，十分顺畅自然，符合人的空间认知规律。其他类似的诗作如：

《嵩岳闻笙》（刘希夷）：“月出嵩山东，月明山益空。山人爱清景，散发卧秋风。”

《别东林寺僧》（李白）：“东林送客处，月出白猿啼。笑别庐山远，何烦过虎溪。”

《上方僧》（韦应物）：“见月出东山，上方高处禅。空林无宿火，独

夜汲寒泉。”

《旅次舟中对月寄姜公》（欧阳詹）：“中宵天色净，片月出沧洲。皎洁临孤岛，婵娟入乱流。”

其次，先写眼前之景，后写天际之月，视觉认知由近及远。

《题张蓝田讼堂》（钱起）：“秋风窗下琴书静，夜景门前人吏闲。稍觉渊明归思远，东皋月出片云还。”

《温门山》（王建）：“随僧入古寺，便是云外客。月出天气凉，夜钟山寂寂。”

《旅中怀孙路》（贯休）：“暮尘微雨收，蝉急楚乡秋。一片月出海，几家人上楼。”

同样地，在唐诗绝句中写“月出”之景时，也多是由近及远的写作方式。律诗中也大多采用这种写作方式。《题张蓝田讼堂》中总起安闲静谧的秋夜之景，思乡怀远，进而诗兴联系到天际之月。《温门山》中诗人随僧入寺，游览方外之境，进而由天际之月出察觉到天气转凉，显示出世外之地的冷寂之感。《旅中怀孙路》则更是明显地由客居他乡的景色写到天际月出时对家乡的思念。因眼前之景而起情思，借天际之月来承托诗人之情，收尾自然。其他类似的诗作如下：

《题云际寺准上人房》（李端）：“园中鹿过椒枝动，潭底龙游水沫开。独夜焚香礼遗像，空林月出始应回。”

《禁中寓直梦游仙游寺》（白居易）：“西轩草诏暇，松竹深寂寂。月出清风来，忽似山中夕。因成西南梦，梦作游仙客。觉闻宫漏声，犹谓山泉滴。”

《晋陵县夏日作》（李中）：“至论招禅客，忘机忆钓翁。晚凉安枕簟，海月出墙东。”

最后，天际之月与眼前之景交替展现，视觉认知时远时近。然而，在视觉感知上同时采用远近交替的方式来写“月出”之景的诗歌并不多，而且基本是古风和排律。因为古风和排律诗句绵长，内容丰富，灵活多变，诗人创作思维活跃，远近交替展现月亮意象和景色，也在情理之中。而绝句则仅见于齐己《寄明月山僧》一诗：“山称明月好，月出遍山明。要上诸峰去，无妨半夜行。”其中，首联出句“明月”和对句“月出”共现，使得月亮这个意象出现两次。但是仔细分析全诗可知，首联出句的“明月”并非实景之“月”，而只是叙述陈说的对象。对句的“月出”才是真实月亮的指称。

至于远近交替写“月出”之诗，录述如下：

《韩十八侍御见示岳阳楼别窦司直诗因令属和重以自述故足成六十二韵》（刘禹锡）：“……火星忽南见，月硖方东迤。雪波西山来，隐若长城起……景移群动息，波静繁音弭。明月出中央，青天绝纤滓……”

该诗先写天际“火星”从南方天空出现，进而写月亮从东方天空升起，由上及下，写到连绵起伏的群山，从而宕开笔墨写到其他月下景色。随着时间的推移，到了月上中天的时刻，诗人又着墨描摹这个时刻的景色，展现另一番风景。从此处看，可见是不同时刻月出之景的展现，诗人的认知思维是清晰而有据可循的。又如：

《入桂渚次砂牛石穴》（刘长卿）：“扁舟傍归路，日暮潇湘深。湘水清见底，楚云淡无心。片帆落桂渚，独夜依枫林。枫林月出猿声苦，桂渚天寒桂花吐。此中无处不堪愁，江客相看泪如雨。”

该诗起笔先由近旁之景写起，展现景色的清静平淡、冷清落寞，进而写到天际之月来烘托愁苦的氛围，再宕开一笔直写心中悲苦。视觉由近及远，以“月出”衬托诗人心境的悲凉，再由远及近，写出心中之愁苦。再如：

《江中晚钓，寄荆南一二相识》（刘长卿）：“楚郭微雨收，荆门遥在目。漾舟水云里，日暮春江绿。霁华静洲渚，暝色连松竹。月出波上时，人归渡头宿。一身已无累，万事更何欲。渔父自夷犹，白鸥不羁束。既怜沧浪水，复爱沧浪曲。不见眼中人，相思心断续。”

该诗与《入桂渚次砂牛石穴》的写作手法基本相同，均是从近景写起，只不过该诗展现了宽阔安闲的景致，体现了诗人开阔的心境，再辅以皎洁无瑕的明月，烘托自身了无挂碍的心境，又用典深入表现自己洁身自爱的情感寄托。视觉同样由近及远，又由远及近，写出自身情感的发展脉络，写作手法清晰明了。

由前可知，在绝句如此短小的诗篇中，唐朝诗人对于“月出”的空间感知方式，基本上无意识地遵从由远及近或由近及远的普遍认知模式，很少见远近交替的感知方式。

如果我们在《鸟鸣涧》中将“桂花落”之“桂花”理解为“月光”，那么在首联中写了月光洒落之后，作者又于颔联中重复写月出，即：首联出句“人闲桂花落”先写远景月光洒落，对句“夜静春山空”由远及近，描写月下景物；然后颔联出句“月出惊山鸟”再由近及远，又写月亮出来，对句“时鸣春涧中”又由远及近，再写月下之景。我们很难见到一首短短的律诗或者绝句的描写顺序是：远—近—远—近，这不符合当时人写月景的习惯。

四、桂花的地理分布和隋唐时期的气候条件

通过李时珍《本草纲目》引《别录》记载、清初陈淏子《花镜》记载及《中国桂花栽培与鉴赏》等著作我们了解到，从古及今，桂花均乃喜温暖湿润的植物，对于阳光、温度和土壤都有生长要求，且多在 8—10 月开花，适合生长在中国南方亚热带地区。

王维《鸟鸣涧》属于《皇甫岳云溪杂题五首》中的第一首，据陈铁民《王维集校注》（中华书局，1997 年）记载：“云溪，皇甫岳别业的名称和所在地，疑在长安附近。”因此，鸟鸣涧应当在当时的长安城附近，也就是在如今的陕西西安周围。王维此诗作于盛唐时期（约在 8 世纪初至 8 世纪中期）的春季，如果“桂花落”之“桂花”当真是实指自然界之桂花，那么我们就要证明，桂花作为亚热带喜暖植物，在 701—761 年[①]的某一个春天，能够在长安城附近生长开花。盛唐春天，桂花到底能否在陕西长安附近生长，这要取决于当时的气候条件。

竺可桢《中国近五千年来气候变迁的初步研究》中指出，中国气候在 7 世纪中期变得和暖，650 年、669 年和 678 年的冬季，国都长安无雪无冰。到 8 世纪初期，梅树生长于皇宫。与此同时，柑橘也种植于长安。我们知道，柑橘属于亚热带植物，喜温暖湿润气候，基本也只生长于中国南方。柑橘能够在盛唐时期生长于长安，说明那时候的气候是温暖湿润的，适宜其生长。另据蓝勇《唐代气候变化与唐代历史兴衰》所言，唐代不仅温暖，而且是一个十分湿润的朝代。吴宏岐、党安荣《隋唐时期气候冷暖特征与气候波动》研究认为，隋唐时期的气候以温暖为主，如与现代气候相比较，则当时年平均温度高 1℃左右，气候带的纬度北移 1°左右。其中

① 王维生年多有争议，我们无意于此深发，故采纳最常见的清朝赵殿成《王维年谱》的说法，即 701 年。

第一个温暖时期为550—800年。[①] 而且，台湾刘昭民《中国历史上之气候变化》认为："在唐代的三百年中，大雪奇寒和夏霜夏雪的年数都比较少，而冬无雪的年数竟达十九次之多，居中国历史上各朝代之冠。"[②] 这段时期刚好是唐朝强盛的时期，同时也是诗人王维生活的盛唐时期。在这样一个温暖湿润的条件中，桂花所需要的生长条件是完全能够得到满足的。

综上所述，《鸟鸣涧》的"桂花"不是指月光，而是指自然界的桂花。

参考文献

1. 蔡义江．新解难圆其说：也谈《鸟鸣涧》中的"桂花"［J］. 文史知识，2002（7）.

2. 高佳．是"间"还是"闲"：谈王维诗《鸟鸣涧》［J］. 张家口师专学报，2003（5）.

3. 葛兆光．唐诗选注［M］. 杭州：浙江文艺出版社，2006.

4. 郭锡良．王维《鸟鸣涧》的桂花［J］. 文史知识，2002（4）.

5. 郭锡良．再谈《鸟鸣涧》的释读问题：答蔡义江《新解难自圆其说》［M］// 中国语言学：第八辑．北京：北京大学出版社，2015.

6. 蓝勇．唐代气候变化与唐代历史兴衰［J］. 中国历史地理论丛，2001（1）.

7. 刘璞．"桂花"不是月光：兼评对"桂花"的两种训释［J］. 文学评论，1983（1）.

8. 刘学锴，赵其钧，周啸天．唐代绝句赏析［M］. 合肥：安徽文艺出版社，2000.

9. 乔磊．再辨《鸟鸣涧》中的"桂花"意象［J］. 安庆师范学院学报，2009（4）.

10. 汪少华．从"人闲桂花落"训释谈起［J］. 古典文学知识，2010（4）.

11. 叶盈．再说王维《鸟鸣涧》的"桂花"［J］. 文史知识，2009（11）.

12. 竺可桢．中国近五千年来气候变迁的初步研究［J］. 考古学报，1972（1）.

13. 吴宏岐，党安荣．隋唐时期气候冷暖特征与气候波动［J］. 第四纪研究，1998（1）.

14. 刘昭民．中国历史上之气候变化．引自 SHEN WENHSIUNG，Changes in China's climate［J］. Bulletin of the Ameican meteorological society，1974（11）.

---

① 吴宏岐，党安荣．隋唐时期气候冷暖特征与气候波动［J］. 第四纪研究，1998（1）.

② 刘昭民．中国历史上之气候变化．引自 SHEN WENHSIUNG，Changes in China's climate［J］. Bulletin of the Ameican meteorological society，1974（11）.

The Truth on "Osmanthus Blooms Fall" from "I Hear Osmanthus Blooms Fall at Leisure"

Song Yayun　Liu Wei

(*Department of Chinese Language and Literature*, *Peking University*, 100871)

Abstract: In *Complete Poetry of the Tang* (《全唐诗》), as for the entire poems which consist of both "osmanthus flowers" and "fall", "osmanthus flowers" are essentially used to indicate the real flowers in the natural world less than the moon or moonlight. The words implying "moonlight" in Tang Poems include "clear light" (清光), "bright light" (光华), "osmanthus light" (桂华), "moon wave" (月波), "cold light" (寒光), "bright and pure" (皎洁), "white light" (素光), which basically collocate with the following Chinese characters: "full" (满), "pure" (澄), "clear" (清), "bright" (皎), and so forth, other than "fall" (落). Moreover, the moon depicted in Tang Poems is mainly used to manifest silence rather than leisure. If "osmanthus flowers" refer to moonlight, that do not quite conform to the general order of spatial cognition. According to the related records, in the era of Wang Wei, osmanthus flowers were able to blossom in the vicinity of Chang'an city, Shaanxi province.

Key Words: osmanthus blooms; moonlight; truth

《喻林》佛教譬喻研究①

蔡 丰②

（淮北师范大学文学院 淮北 235000）

摘 要：《喻林》是一部专收譬喻的类书，该书首倡引佛教文献入传统类书的先例。据本人研究，该书中收录的佛教类譬喻种类繁丰，既有与现代修辞学比喻相关的部分，也有与之相异的部分。本文在对这些种类进行梳理的基础上，也对其形成的原因进行了充分的挖掘。本文认为，《喻林》中所引的佛教譬喻内容很大程度上代表了中国古代以及徐元太本人对“喻”的看法，本文的相关研究也对我们研究中国古代譬喻有借鉴意义。

关键词：《喻林》；佛教譬喻；现代修辞学；比喻

徐元太（1536—1617），字汝贤，明朝南直隶宁国府宣城（今属安徽）人。嘉靖四十四年（1565）进士，官至四川巡抚。其所编纂的《喻林》首倡引佛教文献入传统类书的先例③，使得该书呈现出“援佛入儒”的特点。据本文统计，《喻林》中收录佛教譬喻 2 964 条，引自约 200 种佛教典籍，约占全书总量的八分之一。其中《人事门》所占佛教类譬喻句数量最多，约为 65%。其次是《学业门》《德行门》和《性理门》，均占总量的 9% 左右。最少的为《臣术门》，仅含 16 条佛教类譬喻句。除了极少数子目外，《喻林》绝大部分子目都或多或少地引用了佛教类譬喻句。本文以《喻林》所收的佛教譬喻句为研究对象，在分析它与现代修辞比喻相关或相异类型的基础上，探讨其种类繁丰的根本原因。

一、与现代修辞学比喻相关的部分

本部分所说的“相关的部分”不仅指与现代修辞学比喻概念重合的部分，也指与之有关联的部分。具体而言，前者指明喻和暗喻，后者指关系比喻和讽喻。

---

① 本文为 2020 年度安徽省哲学社会科学项目“明代类书《喻林》研究”（项目编号：AHS-KQ2020D35）阶段性成果。

② 作者简介：蔡丰，武汉大学文学博士，淮北师范大学文学院教师。

③ 本文中所用《喻林》的版本为一百二十卷本，上海辞书出版社，1991 年（据明万历刻本影印）。

一般来讲，明喻和暗喻属于现代修辞学的基本范畴。而关系比喻则是最近几年兴起的概念（后文对其性质和特点均有详细介绍）。而对于讽喻和比喻之间的关系，学者们向来争论颇多。有学者认为讽喻相当于比喻中的暗喻，也有学者认为比喻和讽喻是两种各自独立的辞格。《现代汉语词典》（第7版）认为它是一种修辞方式，用说故事等方式说明事物的道理。《修辞学发凡》认为，讽喻是造出一个故事来寄托讽刺教导意思的一种措辞法[①]。可见，这两种解释都认为“讽喻”是一种用故事的形式说明道理的修辞手法。笔者认为，讽喻虽然在形式、内容上比普通的比喻复杂，但它本质上也是一种与比喻相关的修辞手法。因此，本部分也把它纳为讨论的对象。

（一）明喻

众所周知，佛教并不是中国本土的宗教，佛教徒为了传教，需要广泛地运用形象而生动的譬喻，这就形成了佛教类譬喻句中通俗简洁的明喻数量较多的特点。

据本文研究，根据明喻句中喻体的数量，《喻林》中的佛教明喻一般可以分为只包含一个喻体的单喻和包含两个或两个以上喻体的博喻两种，其中单喻的数量比较多。如《人事门九·心隐》：“所言不了了，藏恶在于心，如灰覆炭火，设蹑烧人足。【修行道地经慈品】”该例用“灰覆炭火”来形象地说明“藏恶在于心”的行为。又如《人事门十一·戒疑》：“其心数转，如秤乍低乍仰。【大明度无极经潜入】”该例用称“乍低乍仰”的状态来形象地说明疑心者的状态。博喻的数量虽然没有单喻那么多，但也比较常见。如《人事门五·品藻》：“破戒之人，与善人异，如驴在牛群；破戒之人，在精进众，譬如儜儿在健人中。【大智度论卷十三】”该例用两个比喻句形成的博喻来生动地说明“破戒之人”的品德修养低下。又如《人事门五·品藻》：“尧事尹寿，舜事务成，旦学吕望，丘学老聃，四师虽圣，比之于佛，犹白鹿之与麒麟，燕鸟之与凤凰也。【宏明集牟子理惑论】”该例结尾处用两个比喻句形成的博喻来说明佛在品德方面的至高地位。

明喻中还包含一种跟博喻结构看似相同但本质不同的分解式比喻。它跟博喻的差别具体体现在：博喻是直接对本体进行宏观上的描述，而这类比喻所包含的两个（或两个以上）的比喻句有内部的逻辑和层次，分别描述的是本体在不同情况下或相同情况下不同方面的特征。如《人事门二·交接》：“与贤相近，如香着纸；与恶人相近，如臭着草。是以经言：近贤

① 陈望道．修辞学发凡［M］．上海：上海教育出版社，1979：119.

成智，近愚益惑。【阿育王譬喻经基一】”该例用与贤人接近、与恶人接近的不同反应来说明跟不同的人接触有不同的后果。又如《人事门八·审具》:“有人虽疾而智力不强，如马虽疾而力弱，有人虽有强智力而不利，譬如钝斧虽有大力，不能破物。【大智度论卷八十三】”该例用两个比喻句说明了两类不同的人的特点，解释了遇事要具体问题具体分析的道理。

（二）暗喻

除了明喻以外，《喻林》佛教譬喻中也包含了很多省略了比喻词的暗喻句。由于暗喻句多简单凝练，内容多比较抽象，故一般呈现出哲理性强的特点。如《造化门一·消息》:“土资水泽，金由火煎。【高僧传十赞】”该例用土填水泽、金被火烧的现象来比喻世间万物此消彼长的关系；又如《人事门一·忧乐》:“因食生病，食则是乐，病则是苦。【大法鼓经卷上】”该例用“因食生病”的过程中“食”为“乐”、“病”为“苦”的观点来贴切地说明“忧乐”的含义。

据本文研究，《喻林》佛教譬喻中的暗喻句不能单凭是否省略比喻词来判定，因为很多举例子的形式（后文有提到）也没有比喻词。它们之间如何判断具体还要看它们譬喻内容的性质。如《人事门二·感通》:“本失于宝珠，堕之于大海，即时执取器，抒海求珠宝，精进不以懈，执心而不移，海神见如是，即出珠还之。【修行道地经慈品】”该例类似于中国的神话故事“精卫填海”，用海神被人“执着求宝”的精神感动的故事来解释何为“感通”。该例就是典型的以具体的事例来说明抽象概念的例子。从该例及后文提到的与举例子相关的例句来看，举例子和暗喻的譬喻句内容有很明显的不同。具体体现在：举例子一般讲述的是具体的事情，有的还伴有对细节的详细刻画，而暗喻一般以下定义式的简单解说较多。

（三）关系比喻

关系比喻①，具体来说就是用喻体中 a 和 b 的关系来比况本体中 A 和 B 的关系，但重点不是说 A 像 a，B 像 b，而是说 A、B 间的关系就如同 a、b 间的关系。如《论语·颜渊》:“子欲善而民善矣。君子之德风，小人之德草，草上之风必偃。”该例中用“风”和“草”的关系比喻君子和小人之间的关系。

关系比喻在佛典譬喻中很常见。如《杂阿含经》中佛告诫比丘正身自

① 关系比喻，李维琦最先称之为复合比喻；黄卫星称之为复合比喻中的关系比喻；袁晖称之为比喻的方式；张明冈认为它是比喻的特殊类型；王希杰认为它是比喻组合中的包孕比喻；罗积勇对它的定义更为贴切；盛若菁认为关系比喻是比喻在不同语义范畴间启动扩散的认知过程。

重，拒绝世间声色的方法时说："汝当持满油钵，于世间美色者所及大众中过，使一能杀人者，拔刀随汝，若失一滴油者，辄当斩汝命。"该例中佛打了一个比方，告诉修行者拒绝世俗诱惑的方法。这个故事把修行者与诱惑、恐惧之间的关系比喻成持满油钵的人与路边美色、杀人者之间的关系。又如《中阿含经》："大海阎浮洲中有五大河，一曰恒伽，二曰摇尤那，三曰舍牢浮，四曰阿夷罗婆提，五曰摩企，悉入大海。既入中已，各舍本名，皆曰大海……"该譬喻旨在说明不论来自什么阶层，只要出家皆舍本种、本名而同曰沙门，皆姓释氏，并以河名与海名的关系，比喻人在俗世阶层的身份与人们皈依佛教后的身份的关系。虽然喻体中只提到五条河，但实际上所有归入大海的河流都不再保留自己原来的名字。可见，该故事的寓意是由整个故事产生的，而非单独的人物或事物一对一的喻义的叠加。

《喻林》佛教譬喻中也有很多关系比喻的例子。如《性理门四·去情》："又如火烧物，不择好恶薪。【大庄严经论卷八】"该例把佛教中对各种"情"的摒弃比喻成火彻底地烧物，用火和柴的关系比喻佛教和世间各种情的关系。又如《人事门五·品藻》："此辈之人，不入道品，如杯盛水，不能致远也。【修行道地经慈品】"该例把人不入道品的状态比喻为杯盛水的状态，形象地解释了"道品"对人的重要性，不入道品，就不能致远。可见，关系譬喻有说解透彻，让人很快地明晰事物之间本质的优点。

（四）讽喻

上文提到，佛教属于外来宗教，教义比较抽象，唯有采用通俗、形象、有趣的方式，才能在民众中广为流布，因此讽喻故事就也成了佛典传播的重要方式。据统计，佛经中包含讽喻最多的有《百喻经》《大庄严论经》《涅槃经》《杂譬喻经》等，而《喻林》中大多数讽喻亦出自以上诸佛典。如：

（人事门五十八·两失）昔雪山中，有鸟名为共命，一身二头。一头常食美果，欲使身得安隐。一头便生嫉妒之心，而作是言："彼常云何，食好美果，我不曾得。"即取毒果食之，使二头俱死。【杂宝藏经卷三】

该故事用佛经中"共命鸟"的故事，讽刺了那些因心存嫉妒，最终失去更多的人。又如：

（人事门五十八·愚人）昔有人乘船度海，失一银盂，堕于水中，即便思念：我今画水作记，舍之而去，后当取之。行经二月，到师子诸国，见一河水，便入其中，觅本失盂。诸人问言："欲何所作？"答言："我先失盂，今欲觅取。"问言："于何处失？"答曰："初入海失。"又复问言："失经几时？"言："失来二月。"问言："失来二月，云何此觅？"答言："我失盂时，画水作记，本所画水，与此无异，是故觅之。"……亦如外道，不修正行，相似善中，横计苦因，以求解脱。犹如愚人，失盂于彼，而于此觅。【百喻经卷上】

该故事与中国古代"刻舟求剑"的故事类似，用佛教中"画水取盂"的故事来说明"愚人"的愚蠢。该例最后的评论性语言道出了这个故事的真实用意，即说明外道只得形似而不得要领的修道方法，就像例中的"愚人"一样。

据本文研究，佛经中的讽喻故事一般为独立的语篇形式。按喻体性质分，我们可以把它们分为世情故事类讽喻和拟人故事类讽喻两种。

先来看世情故事类讽喻。世情故事讲述的一般是人们日常生活所发生的事情，上文的"画水取盂"的故事就属于这一类。又如：

（人事门四十八·失道）昔有愚人，煮黑石蜜。有一富人，来至其家。时此愚人取石蜜浆，为富人煮，即于火上，以扇扇之，望得使冷。傍人语言："下不止火，扇扇不已，云何得冷？"尔时，人众悉皆嗤笑。【法苑珠林卷五十五】

该例用愚人煮黑石蜜的例子告诉我们，做事要讲究方法才能成功。

再来看拟人故事类讽喻。这类讽喻一般是以动物拟人化的故事作喻体来说明道理，上文"共命鸟"的故事就属于这一类。又如：

（人事门六·疾邪）往昔有猪，名曰大腹。时彼大腹，引以群猪入深山野，于山野中，忽逢师子。师子见猪告而言曰："我是兽王，汝速避路。"大腹报言："令我避路，事当不可，要我斗者，必不相违，且止须臾，待我被甲。"时师子言："汝何上族，是何名字？敢能如是，索我相斗？所要被甲，今随汝意。"时彼大腹，往秽坑中，遍涂其身。还师子前言："与汝斗。"是时师子报大腹言："我是兽中王，常以獐鹿等兽而为食啖，或劣弱者尚弃不食，况汝不净秽污之身。若与汝斗，实染污我。"尔时，师子即为大腹宣说偈言："汝本不净身，今复加臭秽。汝意求斗者，我即堕于汝。"王之所见，犹如彼猪与师子斗，我如师子，先堕于汝。【大正句王经下】

从《疾邪》子目下引的其他例句可知，“疾邪”的含义为远离邪恶。该例用了“猪欲与师子斗”的故事，生动地说明了远离疾邪、保持自身纯洁的重要性。

二、与现代修辞学比喻相异的部分

郑远汉先生在其《辞格辨异》中提到：“在古代的文谈、诗论中，‘比’‘喻’‘拟’，还有‘譬’‘况’等，是作为同义词，可以互换的。《文心雕龙·比兴》：‘夫比之为义，取类不常。或喻于声，或方于貌，或拟于心，或譬于事。’这里的‘比、喻、方、拟、譬’是一个意思。”① 可见，古代的“喻”比现代的“喻”范围要广得多。由于《喻林》中的佛教譬喻所收集的大多是唐以前汉译佛经中的譬喻句，那么，《喻林》选取的佛教类譬喻很大程度上也能反映古代譬喻所涵盖的范围。据笔者研究，《喻林》中的佛教譬喻句除了第一部分提到的与现代比喻相同或相关的四种类型外，还包括象征、比拟、举例子、类推和比较等与现代修辞学比喻相异的类型。下面将这些类型加以分析研究。

（一）象征

象征是指借用某种具体的形象的事物暗示特定的人物或事理，以表达真挚的感情和深刻的寓意的修辞方法。《喻林》佛教譬喻中包含了大量的阴阳五行类象征。“阴阳”是中国古代文明中对蕴藏在自然规律背后的、推动自然规律发展变化的根本因素的描述。按照易学思维理解，其所描述的是宇宙间最基本的要素及其作用。“五行”是中国自古以来道学的一种系统观，它的意义包涵借着阴阳演变过程的五种基本动态，即我们所熟知的金、木、水、火、土。其中水代表润下，火代表炎上，金代表收敛，木代表伸展，土代表中和。阴阳类和五行类的象征，则是指用阴阳、五行的内容来说明事理的方式。这种类型的象征在《喻林》佛教譬喻中频繁出现。如：

（造化门二·流行）天有五气，万物化成。木精则仁，火精则礼，金精则义，水精则智，土精则恩，五气尽纯，圣德备也。木浊则弱，火浊则淫，金浊则暴，水浊则贪，土浊则顽，五气尽浊，民之下也。中土多圣人，和气所交也，绝域多怪物，异气所产也。【法苑珠林卷三十三】

① 郑远汉．辞格辨异［M］．武汉：湖北人民出版社，1982：43.

该例用佛典中“五行”相互交通变化的现象来说明“流行”这一抽象的概念。又如：

（造化门一·天道）天有四时五行，日月相推，寒暑迭代，其转运也。和而为雨，怒而为风，散而为露，乱而为雾，凝而为霜雪，立为蛴蝀，此天地之常数也。若四时失运，寒暑乖违，则五纬盈缩，星辰错行，日月薄蚀，彗孛流飞，此天地之色诊也。【法苑珠林卷六十三】

据本文研究，《喻林》佛教譬喻中出现的阴阳五行类的象征一般在《造化门》出现得比较多，其解释多为与自然、人生联系紧密的抽象的思想，且这些象征语段所属的佛教典籍多为中土作者所撰，颇有三教融合的特色。

（二）比拟

上文提到，比、方、喻、拟、譬，很大程度上意义相同。此外，《诗人玉屑》卷九引杨万里论比拟一节中，也认为“比”应作“比拟”义：

白乐天《女道士》诗云：“姑山半峰雪，瑶水一枝莲”，此以花比美妇人也；东坡《海棠》诗云：“朱唇得酒晕生脸，翠袖卷纱红映肉”，此以美妇比花也。①

前者为比喻，后者为拟人，但杨万里都称之为“比”。可见古人的“比”包括了比喻和比拟。②

比拟一般分为拟人和拟物两种。据笔者统计，《喻林》中以带有拟人性质的譬喻句居多。如《造化门一·天道》：“如磁石力令铁转移，虽无有心似有心者。【大乘密严经卷下】”该例把磁石当作“有心”的人来写，认为磁石具备令铁转移的能力，就像有心的人具备超强的心力一样。又如《性理门四·去情》：“譬如草木，无有瞋心。【大智度论卷八十八】”该例把“草木”当作人来写，说草木没有“瞋心”。此外，据笔者统计，具有比拟特征的佛教譬喻句在《性理门》《物宜门》出现的频率最高，因为这两个门类主要涉及人、物的本性，就难免用物来解释人性，或用拟人化的物来说明人性。这也与拟人具有刻画、描摹事物栩栩如生，易让人身临其境的优势有关。

---

① 陈望道．修辞学发凡［M］．上海：上海教育出版社，1976：117.

② 郭焰坤．喻类辞格流变史［M］．北京：中国社会科学出版社，2016：3.

（三）举例子

佛教譬喻中的举例子是一种在说教之后叙述故事做例证的方式，具有印证教理而增强其说服性的作用。这种例证方式即为佛教中的“因明”[①]思想。该思想首先提出主张（宗）和理由（因），然后形成结论（结），再用实例说明（喻），最后表达适用（合），其中的实例说明环节就是我们所说的举例子，即为说明“因”而存在的“明”。如《中阿含·蜱肆王经》中，大迦叶为蜱肆王广举各种例证来教化他以证死后业报之可信，又如《大庄严经论》中的九十则故事，每则皆是先说佛理，再以“我昔曾闻”开头叙述一故事作为教理的例证。此种方式在譬喻经典如《贤愚经》《杂宝藏经》《众经撰杂譬喻经》中经常出现，且被广泛地运用在讲经的活动中。这些例子大都采取民间的故事、神话，或是自创的宗教故事，其目的是附会佛理。

从上文的因明学理论可以看出，举例子在古代佛教传播中属于“喻”的一种，但它与现代修辞学的比喻概念有本质上的不同。具体来讲，举例子是一种对抽象概念增强说明效果的具有形象性和生动性的说明方式，而比喻是一种用与本体特征相似的喻体来说明本体的修辞方法。

据本文研究，《喻林》佛教类譬喻句中以“譬如”“又如”等开头的句子看似是明喻句，但实际上是举例子。在这种两者外在形式容易混淆的情况下，我们只能根据句子的具体内容来判断。一般来讲，与明喻侧重于“喻”不同，举例子的内容都是具体的连贯的事实或现象，侧重于解释说明，这时候句子开头的“譬如”“又如”就等同于“比方说”“比如说”的意思。如《造化门二·自然》：“譬如日出于阎浮提，先照一切须弥山等诸大山王，次照黑山，次照高原，然后普照一切大地。日不作念：‘我先照此，后照于彼，但以山地有高下，故照有先后。’【大方广佛华严经卷五十】”该例就是用太阳顺其自然照耀世间万物的现象来解释“自然”这个抽象的子目。又如《人事门四·避害》：“譬如有人畏于债主远适边国，不为债主及于他人之所陵夺，何以故？由路远险绝，债主家人不能达彼。【大宝积经卷二十】”该例用债主“逃债适边国”的故事为例来解释“避害”的含义。

《喻林》佛教譬喻中所包含的举例子的内容也有其特点。有的举例内

① 史继忠在其论文《印度的“宗教哲学”与“因明学”》中提到，“因明”一词源于梵文 Hetuvidyā，“因”是指推理的根据和理由，“明”即知识与智慧，所以“因明”就是进行推理、证明的学问。印度“因明”学的特点，是通过“宗”（命题）、“因”（论据）和“喻”（论证）三者进行推理，谓之“三支作法”，而在“三支”中，作为论据的“因”最为重要，故称“因明”。

容十分简练，如《人事门二十二・分量》："又如日出，月及星光，皆悉不现。【波罗蜜多经卷五百六十七】"该例简单地描绘了"日出星月没"的自然现象，让人迅速领会到"分量"的含义。有的举例内容比较细致，如《人事门二十三・遭遇》："若如彼陶家，埏埴作瓦器，或盛甘露蜜，或受酪酥食，计泥本一等为器，各别异，所受又不同，因盛而立名。【法华经卷三】"该例解说详细，能让人很细致地了解所属子目的含义。有的举例内容有一定的逻辑性，如《人事门七・所重》："为护一家，宁舍一人，为护一村，宁舍一家，为护一国，宁舍一村，为护身命，宁舍国财。【法苑珠林卷九十二】"这个例子运用了层递的叙述方式，逻辑性很强。有的多个例子连用，如《人事门二十二・分量》："师子兽王，大吼之时，其余小兽，能堪忍不？不也。又如香象，其所负重，诸驴骡等能堪忍不？不也。【决定毗尼经衣三】"此譬喻句中包含两个并列的例子，对抽象佛理的说服力更强。

（四）类推和比较

《易经・系辞下》云："古者包牺氏之王天下也，仰则观象于天，俯则观法于地，观鸟兽之文，与地之宜，近取诸身，远取诸物，于是始作八卦，以通神明之德，以类万物之情。"可见，八卦制作的基础是"观物取象""近取诸身""远取诸物"，其方法则是类推。"类推并非《周易》独有的逻辑思维形式，而是先秦逻辑思维方式的主题。"① 《墨经》提出或、假、效、辟、侔、援、推、止八种推理方法，以"辟"式而论，主旨即为类推。可见，类推是古代譬喻的一种重要形式。《喻林》佛教譬喻中就有很多类推的例子。如《人事门二・报施》："事日为明故，事父为恩故，事君以力故。【法句经多闻品】"又如《人事门三十・修治》："身譬如地，善意如禾，恶意如草。不去草秽，禾实不成。人不去恶意，亦不得道。【三慧经借八】"这两例都是由与自然相关的现象类推到社会现象，由人们容易理解的事情类推到比较抽象的概念，由实到虚，说服力较强。

《墨子・小取》篇说："辟（譬）也者，举他物而明之也。"从"举他物而明"的观点来看，古代的譬喻跟比较有很大关系，甚至很有可能比较在古代就是譬喻的一种重要的类型。据笔者研究，《喻林》佛教譬喻中包含大量的比较的形式。如《人事门二十二・分量》："如世间中灯油之光，于萤火光为广为大，显照明净超过最胜。烛炬之耀超胜灯光，庭燎火聚又胜烛炬，药草发光逾于火聚，星宿之光倍过药草，满月流光又过星耀，炎

① 朱志凯．周易的类推思维方法［J］．河北学刊，1992（5）．

盛日光逾超于月。【大宝积经三十七】”该例把多个物体进行比较，形象地说明了不同物体的光亮的性质、强度是不同的。这也是该譬喻所属子目“分量”所要表达的意义，即每种事物都有自己的性质特点，要区别对待。又如《人事门六·疾邪》：“恶有三种，一曰恶，二曰大恶，三曰恶中恶。若以恶加己还以恶报，是名为恶；若人不侵己无故加恶，是名大恶；若人来供养恭敬，不念报恩而反害之，是名恶中恶。恶中恶，魔王最甚也。【罗什译维摩诘经菩萨品】”该例把三种不同程度的“恶”加以比较，其目的是告诫我们，虽然“恶”有程度的不同，但我们要远离邪恶。可见，比较性质的譬喻具有一般譬喻所不具备的理路清晰、说服力强的说理优势。

三、《喻林》如此选取佛教譬喻的原因

由上文可知，《喻林》的佛教譬喻中不仅有与现代修辞学相关的明喻、暗喻、关系比喻以及讽喻，也有与现代修辞学相异的象征、比拟、比较、类推和打比方等形式，整体上形成了种类繁丰的特点。应当说，这些类型虽然不能包括全部的佛教譬喻，但基本符合佛典本身对譬喻的界定，当然，也受到《喻林》编者徐元太本人比喻观的影响，而徐元太本人的比喻观主要是依据中国的传统文化。本部分就对《喻林》佛教譬喻种类繁丰的形成原因进行研究。

（一）古人对自然的崇拜

据本文研究发现，《喻林》中所引的佛教譬喻内容有很多涉及自然现象，如“日”“月”“星辰”“大海”“高山”等。其中有相当多的自然现象具有浓厚的外来文化的色彩，如“雪山”“狮子”“大象”等，还有很多佛教世界特有的风物，如“风轮”“三界”“须弥山”等。虽然它们各自都有不同的性质特点，但它们都或多或少地体现了古人对自然的崇拜思想。

所谓自然崇拜，是指把自然物和自然现象，例如日月星辰、风雨雷电以及山川、动植物等进行神化并加以崇拜的现象。《文心雕龙·祝盟篇》：“天地定位，祀遍群神。六宗既禋，三望咸秩，甘雨和风，是生黍稷，兆民所仰，美报兴焉。”这里的“六宗”指日、月、星辰、水旱、四时、寒暑，“三望”指山、河、海。之所以有自然崇拜现象的存在，是因为人类对自然的认识有一个漫长的发展过程。在远古社会，先民们对天地万物的认识是有限的。当人们对自然现象无法解释时，就通过想象形成自然神，并加以崇拜祭祀。中国一直是农业大国，对山川草木都有敬畏之心，在把

自然神化的过程中，对自然的主观意识就愈来愈强，这种主观意识主要表现为“虔诚的敬畏，充满期待的想象”。在这个想象的过程中，主观与客观相结合，现实与想象相交叉，显性与隐性相融合，也就无形地产生了比喻的修辞手法。从大量的汉译佛经的内容来看，对自然崇拜的现象不仅存在于古代中国，也存在于佛教的发源地古印度。也正是古人对自然的崇拜，促进了比喻修辞的产生和发展，这是佛教譬喻形成的重要原因。

（二）中国传统思维方式的影响

关于中国传统思维方式，有很多学者在相关的论文和著作中都有所阐明。归纳起来，出现的高频词主要有以下几个：直观性、模糊性、经验理性、形象性、整体性，它们都与佛教譬喻的形成密切相关。《易经·系辞下》曾记载中华民族文化初生之时直观性思维、经验性思维的特征：“古者包牺氏之王天下也，仰则观象于天，俯则观法于地，观鸟兽之文与地之宜，近取诸身，远取诸物，于是始作八卦，以通神明之德，以类万物之情。”由此可见，直观性思维和经验性思维就是要把那些“无形”的东西变为可知可见的“有形”的东西，或者把世界上还没有存在过的东西想象并创造出来。此外，按正常的思维方式，不同类型的本体和喻体本是互不相干的，但它们最后能联系在一起，其中的模糊性思维、形象性思维和整体性思维“功不可没”。具体来讲，之所以说模糊性思维重要，是因为只有认识到事物与事物之间边界的模糊性，才不会产生“非黑即白、非彼即此”的思维模式；之所以说整体性思维重要，是因为只有认识到世界的整体联系性，看似不可能联系的两种事物才有主观思想上联系的可能；之所以说形象性思维重要，是因为形象性思维能促使人类突破固有思维模式，创造出超出常态的比喻辞格。

《喻林》中的佛教譬喻大多选自汉译佛经，这些佛经在翻译的过程中受中国传统思维方式浸润颇深，所以佛教譬喻中“喻”的繁丰的种类很大程度上也代表了中国古人对“喻”的看法。上文提到的诸多中国传统的思维方式，均在《喻林》佛教譬喻中得到了淋漓尽致的体现。如《人事门十·考伪》：“譬如逋生稻苗，以不熟故名为逋生，以无实故风所吹去，无坚重力，似稻非稻。【大宝积经卷一百一十三】”该例用很贴近生活的事物形象地来说明抽象的道理。又如《人事门八·审具》：“譬如金刚，非劣恶器及以破器所能容持，唯除全具上妙之器。【大方广佛华严经卷七十八】”该例中的“金刚”并不是人们日常生活中常见的甚至在中国传统文化中也不常见的事物，但根据句中的相应介绍，人们也能很直观地了解该事物的特质。再如《人事门二·感通》：“行云徘徊，犹感美音之和，游鱼踊跃，尚赏清丝之韵。【宏明集九】”该例中“行云”“游鱼”原本和“感美音”“赏清韵”无法联系起来，但只要我们运用整体性思维、模糊性思维和形象性思维，将物与人的思想情感打通，就会理解该譬喻所要表达的内涵。

（三）思维的抽象性

上文提到的思维的直观性、模糊性、经验理性、形象性、整体性等都属于思维抽象性的范畴，侧重于强调《喻林》中的佛教譬喻受中国传统思维方式的影响，但本部分准备将思维的抽象性当作一个宏观的概念单独拿出来，以研究它对佛教譬喻的形成所起的作用。

我们知道，比喻的本体和喻体多为概念相差甚远的事物，虽然联系是客观存在的，但真正使一个比喻句成立并为大家所接受，还与形成比喻的抽象思维机制有关。正是这个思维机制的存在，才把本体和喻体有机地联系起来。那么这种思维模式是怎样起作用的呢？以比喻句“露似真珠月似弓”为例，“露水”和“珍珠”，“月亮”和“弓箭”本是不同类型的事物，但是我们发挥联想和想象的作用，就会想到“露水”和“珍珠”有外形和色泽上的相似性，“月亮”和“弓箭”有外形上的相似性。这些寻找相似性的思维过程就是比喻形成的过程，但这个过程并不是具体的，而是抽象的且与一系列心理过程相关的。在这个过程中，人们首先应是运用自身的直观性回想本体和喻体在现实生活中的样子，把现实中的“露水”和“珍珠”，“月亮”和“弓箭”拿出来比较。很显然，这两种不同类别的事物在客观上没有什么直接的联系，那么它们之间的联系只有在主观层面找了。接下来的这一步就要发挥想象和联想的思维机制，并运用自身的经验想象珍珠和露珠之间的外形和色泽给人的相似的感觉，以及运用形象性的思维联想月亮挂在天边和弓箭挂在墙上的样子。在反复想象和联想的过程中，人们的脑海中渐渐形成了本体和喻体的相似点，最终才会促进比喻修辞的形成。在这个过程中运用的联想、想象的思维机制，都可以归结为抽象性的思维。正是因为思维具有抽象性的特点，我们才可以从完全不同种类的事物中寻找抽象层面的相似点。由此可见，思维的抽象性是比喻修辞形成的保证，本体和喻体的差距越大，抽象思维的空间就越大，相似点也越新奇，比喻修辞的意境也越深远。

这个特点在佛教譬喻中的表现尤为明显，如《人事门三·类应》：“善恶无爽，状麟斗以日亏，报应有归，等鲸亡而星现。【法苑珠林卷五十五】”该例想象奇绝，把原本不同类型的事物联系在一起，给人一种思维的跳跃感。又如《造化门一·流行》：“复有风轮名为遍霔，劫火烧时，普于世界降霔大雨。复有风轮名为干竭，劫水漂时，能令彼水悉皆枯涸。

【大宝积经卷八十五】” 该例中包含的意境和物象是我们在日常生活中没有接触到的，需要我们运用联想和想象，才能理解该例的内涵和所阐释的子目的含义。

（四）思维的类推性

上文提到，《墨子·小取》篇说：“辟（譬）也者，举他物而明之也。”正是这样，承继墨子逻辑思想的《墨辩》确立了“异类不比”这一类推原则，使类推逻辑建立在科学的基础上，成为逻辑史上的宝贵财富。荀子后来发展丰富了《墨辩》的逻辑学说，建立了正名逻辑系统。就推理来说，类推也是其主要形式。

再往深处思考，其实类推也是人类的思维方式之一。人们生存的过程，也是一个不断认识自己、认识世界的过程。人类的认知发展很有可能是由个体到整体，再由整体到范围更大的整体的过程。在这个过程中，人类不断地发现有规律性的东西，然后在此基础上类推出其他规律，以不断地认识这个世界，其中譬喻就是人类认识这个世界的重要手段。因此，类推思维也是佛教譬喻形成的关键因素。

《喻林》佛教譬喻里的很多例子就运用到了类推思维。除了上文所举的类推的例子外，如下两例，亦能说明类推思维在佛教譬喻中的重要作用。如《造化门一·相禅》：“譬如鸡生卵，卵生鸡，从卵生卵，从鸡生鸡，人生死亦如是，无有绝时。【那先比丘经卷中】”该例把鸡的生命相续的变化类推到人的生命变化，让人很容易就能理解“相禅”的含义。又如《人事门十·考伪》：“夫真伪相形，犹禾莠之相类，善耘者存禾而去莠，求道者亦依真而舍伪。【辨正论卷六】”该例把“善耘者”善于辨认禾苗的优劣类推到“求道者”善于辨认事物的真伪，让人很容易就能认识到“考伪”的内涵。

综上所述，《喻林》中所引佛教譬喻的内容不仅保存了古代印度的文化特色，也糅合了中国传统的思维方式和文化特点，是《喻林》中极具特色的部分，它很大程度上代表了中国古代以及徐元太本人对“喻”的看法。研究《喻林》佛教譬喻所包含的譬喻种类及成因，也对我们研究中国古代譬喻有借鉴意义。

参考文献

1. 陈望道．修辞学发凡［M］．上海：上海教育出版社，1979.
2. 郑远汉．辞格辨异［M］．武汉：湖北人民出版社，1982.
3. 郭焰坤．喻类辞格流变史［M］．北京：中国社会科学出版社，2016.
4. 朱志凯．《周易》的类推思维方法［J］．河北学刊，1992（5）．

A Study of Buddhist Metaphor in *Yu Lin*

Cai Feng
(*School of Literature*, *Huaibei Normal University*, *Huaibei*, 235000)

Abstract: *Yu Lin* is a kind of book that specializes in metaphor. It is the first book to introduce Buddhist literature into traditional books. According to my research, the Buddhist metaphors included in the book are numerous and varied. There are both parts related to modern rhetoric metaphor and parts different from it. On the basis of sorting out these types, this paper also fully explores the reasons for their formation. This paper holds that the Buddhist metaphors quoted in *Yu Lin* represent to a large extent the views of ancient China and Xu yuantai himself on "metaphor". The relevant research in this paper is also of reference significance for us to study ancient Chinese metaphors.

Key Words: *Yu Lin*; buddhist metaphor; modern rhetoric; metaphor

修辞学理论研究

修辞学研究中的辩证视角

祝敏青①
（福建师范大学协和学院　福州　350117）

摘　要：修辞学研究中的辩证视角注重多元的、动态的、关联的各种关系，拓展了修辞学研究广度与深度的空间。本文主要从不平衡与平衡的对立统一关系，探讨研究视角的深层拓展；从关联与非关联的对立统一关系，探讨研究视角的横向关联拓展；从逆规则中的审美，探讨研究视角的规则拓展。

关键词：修辞学；辩证视角；深层拓展；关联拓展；规则拓展

修辞学研究中的辩证视角就是寻求研究对象的对立统一关系，寻求对象的联系与发展，以动态发展的眼光对修辞现象作由表及里的深刻剖析。辩证视角拓展了修辞学研究广度与深度的空间。它使我们的研究视角不是单一的、静态的、孤立的，而是多元的、动态的、关联的，这就达成了纷繁复杂的研究对象——修辞现象与研究视角的相互匹配、相互融合。

一、研究视角的深层拓展——从不平衡到平衡

事物现象包括表层与深层两个层面，表层与深层可能是和谐的，也可能是相背离的。修辞研究要透过表层现象寻求深层的内核，这就是我们称为“修辞性语境差”的现象。“修辞性语境差指在同一交际界域，语境因素间呈现颠覆状态，却具有审美价值的修辞现象。”其标志性特征，是“对语境平衡的颠覆”，深层性特征是审美特征。② 我们以表层背离深层平衡的对立统一来说明这类修辞现象。

表层对立深层和谐是具有强烈修辞效果的修辞现象，它常以表层对立中的不平衡、深层统一的审美平衡为基本模式。莫言《红蝗》末尾，借“一位头发乌黑的女戏剧家的庄严誓词”来说明自己的创作理念：“总有一天，我要编导一部真正的戏剧，在这部剧里，梦幻与现实、科学与童话、上帝与魔鬼、爱情与卖淫、高贵与卑贱、美女与大便、过去与现在、金奖牌与避孕套……互相掺和、紧密团结、环环相连，构成一个完整的世界。”

① 作者简介：祝敏青，福建师范大学协和学院教授、博士生导师，兼任中国修辞学会副会长。
② 祝敏青，林钰婷．当代小说修辞性语境差阐释［M］．北京：商务印书馆，2017：9.

在被称为“一部真正的戏剧”中，一个个相互对立的概念组合在一起，这些概念，有些本就互为反义，有些则是临时构成反义的，如“美女与大便”“金奖牌与避孕套”，在这个特定的语境中，临时构成了反义，离开这一语境，它们不构成关联，当然也就失却其反义对立。它们与其他反义组合形成一个系列，说明同一部戏剧中存在的现象充满了矛盾。这一表层的对立中蕴含着深层的平衡和谐，这就是作者的创作理念。可以看出，莫言认为，充满了矛盾的世界才是真实的世界、完整的世界。也就是说，只有真善美、没有假丑恶，是不真实、不完整的。表层的对立在作者审美理念中得到了内在的平衡。

美与丑也是一对对立面，其对立还反映在对象与抒写之间。以美的抒写表现丑的对象，也构成了表层对立，对立中有着深层的统一。死亡暴力的镜头，有时以上下文的格调对立展现，如莫言《红高粱》中对余大牙被枪决后的情景描绘：“父亲和一群孩子们，胆战心惊地涌到湾子边，居高临下地看着仰面朝天躺在湾子里的余大牙。他的脸上只剩下一张完好无缺的嘴，脑盖飞了，脑浆糊满双耳，一只眼球被震到眶外，像粒大葡萄，挂在耳朵旁。他的身体落下时，把松软的淤泥砸得四溅，那株瘦弱的白荷花断了茎，牵着几缕白丝丝，摆在他的手边。父亲闻到了荷花的幽香。”前面是对余大牙死亡的具有恐怖意味的描绘，后面却以在场的“父亲闻到了荷花的幽香”加以抒情说明，与前面的描绘构成了反差。这种反差在莫言笔下多有表现。死亡暴力与美、抒情的对立有时则表现在对丑恶、残忍予以优美的文字笔调抒写上。苏童笔下也多有表现，死亡、暴力常以一种优美的抒写展现。如《我的帝王生涯》中，描写一个年轻生命在宫廷纷争中成为牺牲品的场面：“一个叫做珍儿的面目酷肖蕙妃的小宫女做了蕙妃的替身，事先燕郎设法让珍儿服下了大剂的蒙汗药使她昏睡不醒，那个小宫女被塞进黄布袋里时还轻轻地吹着鼾声。蕙妃娘娘漂送出宫。刑监响亮的喊声在御河边回荡，河边肃立的人群和水上漂流的黄布袋构成了宫廷黎明的风景。”一个残忍的屠杀场面以优雅的文字呈现，被描绘成了“宫廷黎明的风景”，使宫廷残忍的纷争屠戮被遮掩了一层柔情的面纱。但面纱下的残忍是遮挡不住的，只是表现得若隐若现。再如在《U型铁》中，对灾变之夜冼铁匠临死前的情景描写：“锤声敲着老街人浑圆的梦境，敲出一个缺口那锤声就悄然停止了。没有人看到冼铁匠手持圆锤在大铁砧子边訇然倒下的壮丽情景。”“壮丽情景”以诗意消解了死亡的阴影。与之相反，活人则冠以“死亡气息”。《罂粟之家》中对素子的描写：“我看见旧日的枫杨树美人身着黑白格子旗袍怀抱黄猫坐在一张竹榻上，她的眉宇间有一种洞悉人世的散淡之情，其眼神和微笑略含死亡气息。”整个文本以多个人物死亡告终，文本中的死亡气息自然也渗透在尚且活着的人身上，于晦暗、颓废中带有没落的伤感。美与丑的对立融合在苏童的描述中，体现了他对死亡、痛苦的认识。他笔下的人物，幸福快乐并非常量，痛苦悲哀乃至死亡才是常量。而死亡在某种意义而言可能是一种生命的解脱。因此，我们见到了“宫廷黎明的风景”“壮丽情景”等死亡的抒情描写，以及活人“眼神和微笑略含死亡气息”。生与死、美和丑，交织融合为一体。有些丑陋难堪的情景在他笔下甚至呈现出一种唯美的诗意画面。如《飞越我的枫杨树故乡》中写疯女人穗子被强暴后的情景：“清晨下地的人们往往能撞见穗子赤身裸体的睡态。她面朝旭日，双唇微启，身心深处沁入无数晶莹清凉的露珠，远看晨卧罂粟地的穗子，仿佛是一艘无舵之舟在左岸的猩红花浪里漂泊。”穗子所受到的屈辱和痛苦化解为诗意的抒情，抑或说，诗意的抒情化解了屈辱、痛苦的残忍与丑恶。苏童笔下诸多死亡的描写，呈现的景象各异，却因优雅美丽的抒情意味具有了共同点，形成了苏童别具一格的死亡笔调。《黑脸家林》中命运坎坷的家林在结婚前夕，像鸟一样地飞出窗外，优雅的飞翔消解了死亡的残酷：“他看见了雨后清澈明朗的月亮，那飞鸟似的姿态仿佛要腾入月亮。在世界屏息凝视了两秒钟以后，我哥哥黑脸家林轻捷地从阳台上跳出栏杆，化为一只白鸟飞入空中的月亮。”《一九三四年的逃亡》中“陈玉金女人年轻壮美的身体迸发出巨响扑倒在黄泥大路上……那天早晨黄泥大路上的血是如何洇成一朵莲花形状的呢？陈玉金女人崩裂的血气弥漫在初秋的雾霭中，微微发甜”和《飞越我的枫杨树故乡》中“自从幺叔死后，罂粟花在枫杨树乡村绝迹，以后那里的黑土长出了晶莹如珍珠的大米，灿烂如黄金的麦子”都以优雅的笔调、唯美的画面表现死亡过程及死亡后的景象，笔调画面都与死亡构成了极大的反差。残忍的死亡杀戮场景与愚昧颓废的意象奇异地联系在一起，极端的残酷叙事里混合着一种诗意的赞叹和虐待的狂欢。苏童用近乎荒谬的冷静，以反差消解了死亡的恐怖丑陋，使死亡成为一种解脱、一种升华，生命的破碎与永恒的完美融合，具有了哲理意味。

表层错位深层和谐也体现了从不平衡到平衡的修辞过程。错位组合是具有突出修辞效果的现象。莫言语言的魔幻色彩不仅体现在诸多对立上，也体现在诸多错位上。《红高粱》中描绘奶奶中弹将离世时所见的红高粱幻象：“奶奶注视着红高粱，在她朦胧的眼睛里，高粱们奇谲瑰丽，奇形怪状，它们呻吟着，扭曲着，呼号着，缠绕着，时而像魔鬼，时而像亲人，它们在奶奶眼里盘结成蛇样的一团，又忽喇喇地伸展开来，奶奶无法说出它们的光彩了。它们红红绿绿，白白黑黑，蓝蓝绿绿，它们哈哈大笑，它们嚎啕大哭，哭出的眼泪像雨点一样打在奶奶心中那一片苍凉的沙滩上。高粱缝隙里，镶着一块块的蓝天，天是那么高又是那么低。奶奶觉得天与地、与人、与高粱交织在一起，一切都在一个硕大无朋的罩子里罩着。”红高粱这一植物，此时在奶奶眼中变异为具有动作神态情感的生物，与红高粱这一植物原有的性质状态产生了错位。这就是修辞手法上的拟人格，以人或其他生物具有的状态动作情感来描绘红高粱，使之变形。红高粱在奶奶幻觉中的变形是奶奶濒临死亡前的思绪反映，在表现特定情景的人物思绪上达到了新的平衡。

二、研究视角的关联拓展——关联与非关联

辩证法注重事物与事物的联系，引导我们在修辞学研究中去探讨事物与事物的关联。这种关联可以是语言文字抒写与表现对象即内容与形式的关联，也可以是文本上下文即形式之间的关联，还可以是语言表述与特定时空等语境要素之间的关联等，关联拓展为我们打开了思路，拓展了视野。

关联拓展为研究叙事文本结构提供了研究思路。关联可以从结构布局的多角度多方位进行考察。残雪《山上的小屋》以“山上的小屋”为叙事核心空间，“山上的小屋”若隐若现地贯穿于全文。“在我家屋后的荒山上，有一座木板搭起来的小屋。”这是文本开头，以“山上的小屋”为叙事源起，开始叙事。接着“山上的小屋”被中断，叙事转入“我每天都在家中清理抽屉”，开始围绕着“清理抽屉”与家人的纠葛。“山上的小屋”再一次出现，是在我独自上山“去看个究竟”，却“什么也看不见，什么也听不见”，回到家，发现家人“趁我不在的时候把我的抽屉翻得乱七八糟”。于是，吃饭的时候“我”对他们说：“在山上，有一座小屋。”实际上，从上文的“什么也看不见，什么也听不见”的上山经历可以看出，“小屋”只是“我”臆想之屋，但“我”却把它的虚幻存在当成现实，告诉了家人。联系上下文语境可以看出，“山上的小屋”是“我”意念中与家人对抗的一个虚幻的存在，“我”告诉家人“山上的小屋”，是为了继之的“山上的砂石轰隆隆地朝我们屋后的墙倒下来”的讲述，以此作为对家人乱翻“我”的抽屉，把“我心爱的”“几只死蛾子、死蜻蜓全扔到了地上”的报复。“山上的小屋”再次出现在“我”口中，是“我一直想把抽屉清理好，但妈妈老在暗中与我作对”。“小妹偷偷跑来告诉我，母亲一直在打主意要弄断我的胳膊，因为我开关抽屉的声音使她发狂，她一听到那声音就痛苦得将脑袋浸在冷水里，直泡得患上重伤风。”在这样的背景下，当母亲提到父亲的毛病之时，“我”说：“在山上的小屋里，也有一个人正

在呻吟。黑风里夹带着一些山葡萄的叶子。”不但出现了“小屋”，还出现了小屋中的人，使“我”的臆想愈趋真实。然而，接着而来的是“我”又一次上山所见到的现实：“那一天，我的确又上了山，我记得十分清楚。起先我坐在藤椅里，把双手平放在膝头上，然后我打开门，走进白光里面去。我爬上山，满眼都是白石子的火焰，没有山葡萄，也没有小屋。”以此作为叙事的终结。这一眼中所见，颠覆了“我”前面的话语，使文本开头的“小屋”和“我”多次提到的“小屋”与事实失却关联。从关联拓展来研究该文本，我们可以发现其中具有多重关联与非关联的辩证关系。文本的关联一是小屋的存与非存的错位关联，二是小屋与抽屉的虚实关联。这两个关联贯穿文本始终，并构成文本的主要结构脉络。小屋与抽屉的关联，“小屋”为虚，“抽屉”为实。“我每天都在家中清理抽屉。当我不清理抽屉的时候，我坐在围椅里，把双手平放在膝头上，听见呼啸声。是北风在凶猛地抽打小屋杉木皮搭成的屋顶，狼的嗥叫在山谷里回荡。”“清理抽屉”是“我”每天的必修课，并直接关联到“我”与家人的关系、与家人的纠纷。妈妈“虚伪的笑容”，“脸上的肉在可笑地惊跳”，“恶狠狠地盯着我的后脑勺”；家人们“在黑咕隆咚的地方窃笑”；小妹“目光直勾勾的，左边的那只眼变成了绿色”；父亲的眼神让“我”“感觉到那是一只熟悉的狼眼”。家人与“我”的敌对都与“抽屉”相关联，与“我”独自一人上山的举动相关联。所以，它是实实在在的“我”的生活状态，“我”在家中的地位及生存环境的触发点、标志物。“山上的小屋”虽然多次出现在“我”的话语中，但篇末的“也没有小屋”使小屋的存现昭然，原来这只是“我”想象中的小屋。它是“我”孤寂生活中的一个指望，这一指望在现实中轰然崩塌。“我爬上山，满眼都是白石子的火焰，没有山葡萄，也没有小屋”的结尾彻底颠覆了开头的“在我家屋后的荒山上，有一座木板搭起来的小屋”。如果说，“抽屉”与“我”的现实生活是顺向关联，那么，“小屋”与“我”的现实生活则可以说是逆向关联，关于“山上的小屋”的文本开头与结尾也是逆向关联的。虚实两个事物以两条线交错的方式构成了文本的总体结构，在虚实梦幻中展现了“我”的生存状态与思绪情感。文本在关联与非关联中展现了一种梦幻般的人生世界。

关联中的逆向关联往往具有强烈的修辞效果，它以对关联的悖反造成陌生化，以表现鲜明的情感导向。王小波《黄金时代》中的“破鞋”一词就以多向度的逆向关联造成强烈的荒诞效果。逆向关联表现在与“破鞋”这一骂人语词相背离的表述风格上。如严肃的语词、严肃的推理与“破鞋”之事的逆向关联：

(1) 有一天她从山上下来，和我讨论她不是破鞋的问题。

(2) 我可以从逻辑上证明她不是破鞋。

(3) 这些窟窿使她产生一个希望，就是也许能向我证明，她不是破鞋，有一个人承认她不是破鞋，和没人承认大不一样。

(4) 我是这么想的：假如我想证明她不是破鞋，就能证明她不是破鞋，那事情未免太容易了。

“讨论”“逻辑”“证明”等严肃的语词，将“破鞋”一词提到严肃的问题高度，特别是煞有介事的类比、逻辑三段论，更是化解了“破鞋”的通俗、口语化语义，使之书面化、严肃化：

(5) 问题不在于破鞋好不好，而在于她根本不是破鞋。就如一只猫不是一只狗一样。假如一只猫被人叫成一只狗，它也会感到很不自在。现在大家都管她叫破鞋，弄得她魂不守舍，几乎连自己是谁都不知道了。

(6) 她要我给出我们清白无辜的证明。我说，要证明我们无辜，只有证明以下两点：

1. 陈清扬是处女；2. 我是天阉之人，没有性交能力。

这两点都难以证明。所以我们不能证明自己无辜。我倒倾向于证明自己不无辜。

类比及推理充满了荒谬，更尤甚的是充满了荒谬的悖论多次出现：“我对她说，她确实是个破鞋，还举出一些理由来：所谓破鞋者，乃是一个指称，大家都说你是破鞋，你就是破鞋，没什么道理可讲。大家说你偷了汉，你就是偷了汉，这也没什么道理可讲。至于大家为什么要说你是破鞋，照我看是这样：大家都认为，结了婚的女人不偷汉，就该面色黝黑，乳房下垂。而你脸不黑而且白，乳房不下垂而且高耸，所以你是破鞋。假如你不想当破鞋，就要把脸弄黑，把乳房弄下垂，以后别人就不说你是破鞋。当然这样很吃亏，假如你不想吃亏，就该去偷个汉来。这样你自己也认为自己是个破鞋。别人没有义务先弄明白你是否偷汉再决定是否管你叫破鞋。你倒有义务叫别人无法叫你破鞋。”无理而妙的推论让人忍俊不禁，但在笑之余，又为荒谬年代的荒谬思维、荒谬举动感到深深的悲哀。

逆向关联还表现在与“破鞋”相关联的语义的悖反上。“破鞋”作为“放荡淫乱作风不正的女人”的词典义，带有贬义。而文本多次出现了中性甚至褒义的表述，如“陈清扬说，她丝毫也不藐视破鞋。据她观察，破鞋都很善良，乐于助人，而且最不乐意让人失望。因此她对破鞋还有一点钦佩”。对王二与陈清扬的关系也赋予了崇高的字眼：“为天地所不容，我也要站到你身边。那天晚上我把我的伟大友谊奉献给陈清扬，她大为感动，当即表示道：这友谊她接受了。不但如此，她还说要以更伟大的友谊还报我，哪怕我是个卑鄙小人也不背叛。”文本围绕“破鞋”选用的语词颠覆了“破鞋”原有的感情色彩，由轻贱义转向崇高义，“破鞋”的贬义被消解，取而代之的是随着情感义重构后所产生的大智若愚的“黑色”幽默，即幽默中所蕴含的犀利嘲讽。文本围绕陈清扬从被污蔑为破鞋到真的成为破鞋，从惶惶然到坦坦然，人物在特定年代、特定背景下身心所遭受的摧残在一层又一层荒谬的悖理关联中展现出来。伴随着“破鞋”而发生的人物命运走向进一步印证了时代的荒谬，“以前人家说她是破鞋，说我是她的野汉子时，她每天都来找我。那时好像有必要，自从她当众暴露了她是破鞋，我是她的野汉子后，再没人说她是破鞋，更没人在她面前提到王二（除了罗小四）。大家对这种明火执仗的破鞋行径是如此的害怕，以致连说都不敢啦”。正如王小波自我诠释的：“在我的小说里，……真正的主题，还是对人的生存状态的反思。其中最主要的一个逻辑是：我们的生活有这么多的障碍，……这种逻辑就叫做黑色幽默。我觉得黑色幽默是我的气质，是天生的。我小说里的人也总是在笑，从来就不哭，我以为这样比较有趣。”① 在黑色幽默中，作者苦中作乐地讲述了人物的悲惨故事。

“关联的打破与重建使关联与非关联形成了语境背离中的一对辩证关系。”② 考察特定语境中关联与非关联的辩证关系，有助于深入探讨语言中纷繁复杂的照应关系，使研究在注重事物与事物的联系中深入拓展。

三、研究视角的规则拓展——逆规则中的审美

语言规则是语言系统中的规范体系，任何语言系统都有自己的使用规则。修辞学与语言学其他分支学科不同的特点在于它更多关注的不是语言规则的循规蹈矩，而是突破规则后的修辞价值。规则与反规则体现出一种辩证关系。反规则以对规则的颠覆悖反构成了一个对立体，这种对立体也可视为对语言使用的一种历时的动态的考察。在表层反规则的深层，语境综合因素的参与蕴含着某种审美价值，这就使对立统一规律在从表层颠覆规则到深层审美和谐的过程中体现了修辞价值。

对语言规则的颠覆体现在语言各子系统中，其中，有基于搭配内容的

① 王小波．从《黄金时代》谈小说艺术［M］//王小波全集：第二卷．北京：北京理工大学出版社，2009：64.

② 祝敏青．文学语言的修辞审美建构［C］．北京：人民出版社，2014：28.

规则悖反，主要表现在对词义、语法、逻辑等规律的颠覆上。如林白《说吧，房间》中写离婚后的“我”对家的回顾：“它浓缩了我五年的生活，当我置身其外，我还感到头晕和窒息，但我从前在它们之中却过了整整五年。我在它们的空隙中睡觉、吃饭、做菜、洗衣服，我的头顶是锅盖，鼻子尖顶着锅铲，左边的耳垂挂着去污粉，右边的耳垂挂着洗洁净，左边的脸颊是土豆，右边的脸颊是鸡蛋，我的肩膀一碰就碰到了大白菜，它富有弹性凉丝丝的帮子在我的皮肤上留下的触感一直延续至今。”描绘“置身其外，我还感到头晕和窒息”的五年婚姻生活，以环绕着身体各个部位的锅碗瓢盆构成了夸张的突破语义逻辑的组合，再现了对家庭生活的恐惧，“我觉得它就像一只密不透风的大口袋，彻头彻尾把人罩在了里面。这只口袋甚至没有弹性，你想往任何一个方向动一点都立时被挡回来，两个人缩在黑洞的布袋里，互相看得面目狰狞，厌恶之心顿生，谁都想出其不意地剪一个大洞”。这一比喻形容与前例的具体描绘相呼应，将家给自己带来的窒息感表现得淋漓尽致。它一反家作为心灵的港湾令人舒适、温暖、幸福的感觉，将家推向对立的极端。可以想见，对家的厌恶恐惧导致逃离是势在必行的。语义、语法、逻辑规律的颠覆呈现出异彩纷呈的无规则状态，各子系统之间对规律的颠覆常常是交错在一起。语法组合的背离中又有着语义的背离、逻辑的背离。仅以苏童为例，如：

(7) 她始终感到浦太太尖锐的目光在她的全身上下敲敲打打……（苏童《红粉》）

(8) 你闻到塘里甜腥的死亡气息，打着幸福的寒噤。（苏童《一九三四年的逃亡》）

(9) 她话里的明显的感情倾向对着飞浦来的。飞浦当然有所察觉。飞浦的内心开放了许多柔软的花朵，他的脸现在又红又热，他从皮带扣上解下一个鲜艳的绘有龙凤图案的小荷包，递给颂莲。（苏童《妻妾成群》）

(10) 陈宝年心中长出一棵灰暗的狗尾巴草，他在祖宗像前跪拜天地的时候，不时蜷起尖锐的五指，狠掐女人伸给他的手。（苏童《一九三四年的逃亡》）

(11) 他听见整个枫杨树在下雨。蜗牛的背上很沉重，它在水洼里睡着了，而那条路上有人在雨中狂奔，他们从后面狂奔而来。蜗牛听见了疯狂的脚步声，它想躲一下却无法挪动身子。他看见水洼被踩碎了，美丽的水花飞溅起来。他看见蜗牛的身子被踩出清脆的巨响，砰然回荡。（苏童《罂粟之家》）

例（7）“目光”与“敲敲打打”是句中宾语内部的主谓搭配不当，既属于语法问题，也属于语义搭配问题。写出了“她”所感受到的浦太太目光的尖锐。例（8）“甜腥”与“死亡气息”，“幸福”与“寒噤”属于修饰与被修饰的错位搭配，这些色彩互相抵牾的语词组合在一起，在语义的不当搭配中体现了对死亡的特殊感受。例（9）“内心”与“开放了许多柔软的花朵”是主谓搭配不当，同时又带有语义组合的背离，体现了飞浦对颂莲的情感反馈。例（10）“心中”与“长出一棵灰暗的狗尾巴草”也是语法关系与语义关系的不当，形象体现了陈宝年对婚姻的不满。例（11）“蜗牛听见了疯狂的脚步声”，“蜗牛的身子被踩出清脆的巨响，砰然回荡”，都是违反了现实的逻辑关系。这声响与“看见”组合又违反了语法关系。这是沉草坐在大缸里吞吃罂粟花面时的所见所感。作为时代的弃儿，沉草把自己困居在罂粟大缸里，但他摆脱不了命定的终点，蜗牛的命运昭示了沉草的命运。对自然现象的悖理感受中有着沉草深深的痛感，沉草眼中的感受是他对自身命运的悲哀体验。苏童笔下众多违反了语言规律的用词，构成了其先锋派小说的语言特色。这些对规律的颠覆，又因其在特定语境中的特有表现力得到了综合平衡，在表现人物、事物、事件中具有了修辞价值。

对语言规则的颠覆还体现在基于形式的解构，典型的有对语音规则的颠覆，如标点符号解构。张抗抗《隐形伴侣》中余主任让肖潇转告陈旭，要求他为所写的反动信”在全农场做一个检讨，陈旭大为恼火，对肖潇有这样的一段直白：“你要检讨你去检讨反正我不检讨我没错那是事实。不是培养接班人是培养马屁精名正言顺的政治骗子。我就是要告他们揭露他们这鬼地方我到半截河之后就开始倒运什么地方主义排外主义教条主义官僚主义大杂烩真是你死我活。我是少数派真理经常在少数人手里那棵神树也是这么说的不信你去问它……”这段话语违反了应有的语音停顿规律，以无标点形式体现语气的连续不间断，从而传递了话语表达者的愤懑情绪。还有一段是肖潇再次劝说后陈旭的内心独白：“这才叫欺骗。神树也会欺骗神树为什么就不能欺骗神树骗得更神。抑或也可以叫做作弄叫做假象叫做化装叫做误会反正不是撒谎。撒谎是为了保护自己是不得已是没奈何是暂且脱身是逼上梁山。从来没有一个人不曾撒过谎我敢发誓那只奶羊也只不过是开开玩笑怎么就成了欺骗？欺骗一定有目的纲领计划步骤而且永不认账。你受骗了只是活该谁叫你忘了冬天的麻雀停在落叶树上变成了树叶子还迎风招展。”这番话语体现了陈旭意识流中的思维混乱，自相矛盾以无标点文字表现出来，增添了话语逻辑的诡辩意味，与前面的有声话语一样，也体现了其激愤不满的情绪。无标点文字在表现人物口吻、人物心态情绪方面具有绘声绘色的音响效果。

参考文献

1. 祝敏青，林钰婷．当代小说修辞性语境差阐释［M］．北京：商务印书馆，2017.

2. 王小波．从《黄金时代》谈小说艺术［M］//王小波全集：第二卷．北京：北京理工大学出版社，2009.

3. 祝敏青．文学言语的修辞审美建构［C］．北京：人民出版社，2014.

Dialectical Perspectives in Rhetorical Studies

Zhu Minqing

(*Concord College*, *Fujian Normal University*, *Fuzhou*, 350117)

Abstract: The dialectical perspective in rhetorical studies focuses on multiple, dynamic, and related relationships, which expands the space of the breadth and depth of rhetorical research. This paper focuses on the deep expansion of research perspectives from the unbalanced and balanced oppositions, the horizontal expansion of research perspectives from the associated and unassociated oppositions, and the expansion of research perspectives from the rule of aesthetics in the inverse rule.

Key Words: rhetoric; dialectical perspective; deep expansion; association expansion; rule expansion

“修辞距离”研究

罗　菲[①]

（河北科技大学国际教育学院　石家庄　050011）

摘　要：“修辞距离”是指修辞主体通过对语言符号进行渗透了主体表达意图的编码所形成的修辞文本来消减或扩张修辞受体的解读屏障，由此在表达者与接受者之间由于修辞文本的介入而形成的特定的认知空间。它客观存在于交际活动中，但是学界对它的关注与论述还非常少。本文对“修辞距离”的定义、特性、营造方法与解读技巧等从理论与实践相结合的层面进行了深入阐释。“修辞距离”学说的研究，有助于拓展修辞学研究的学术空间。

关键词：修辞距离；定义；特性；扩张；缩小

在现代汉语修辞学的研究中，吴礼权先生最早引进有关修辞心理机制的研究。他在其著作《修辞心理学》中引入了英国心理学家爱德华·布洛的“心理距离”学说，用于探讨基于心理距离的修辞文本模式，指出“这些修辞文本建构的根本特点就是力求将所要表达的意思或情感表达得尽可能的婉转、含蓄，而不直白其意，其意是要在表达与接受之间留出‘距离’，使受交际者的接受有回味思索的空间，从而获取一种文本解读成功的快慰和文本接受的美感享受”[②]。吴先生的著作对部分修辞文本使用了“心理距离”或“距离”的概念来分析，让人有耳目一新之感。受先生启发，窃以为把修辞与“心理距离”整合为“修辞距离”，加以深入探讨，很有必要。

从信息论的角度看，修辞活动是一种双向互动的信息传递与接受活动。修辞表达者（即修辞主体）根据一定的表达意图，再综合考虑可能影响表达效果的各种语境因素及修辞接受者（即修辞受体）的个性，然后对语词进行选择、调配，组织成一定的语码，以声音或文字的形式传递给修辞受体。修辞受体同样要在综合考虑修辞主体、语境等因素的基础上对修辞文本进行还原或说解码，以便理解修辞主体蕴含在修辞作品中的真实

---

① 作者简介：罗菲，文学、医学双博士，河北科技大学国际教育学院副教授，主要研究方向为修辞学、中医医史文献。

② 吴礼权先生所说的修辞文本单指辞格，而我们文中所说的“修辞文本”，不仅限于指称辞格，还指修辞表达者通过有意识进行的各种修辞表达而形成的相对完整的修辞作品。见吴礼权．修辞心理学［M］．昆明：云南人民出版社，2002：226.

含义。

在修辞主体和修辞受体之间，既有生活经历、年龄、性格、学养等方面的差异，也有信息传递过程中因种种因素影响而形成的信息损耗，故在修辞主体经由自己意图而创设的修辞文本的接受中，会由于修辞受体主观努力及客观环境等原因，在接受中形成一定的接受屏障，而这种接受屏障即修辞距离。可见，“修辞距离”贯穿修辞活动的始终，应当成为修辞学研究的一个客观命题。对“修辞距离”的阐释有助于沟通修辞表达与接受，使修辞文本的建构与理解更切合实际需要，同时有助于提高受众的文学欣赏能力。

一、修辞距离的定义

修辞主体通过对语言符号进行渗透了主体表达意图的编码所形成的修辞文本来消减或扩张修辞受体的解读屏障，表达者与接受者之间由于修辞文本的介入而形成一定的认知空间，这种认知空间即我们这里所说的“修辞距离”。

修辞距离的研究是把修辞主体和修辞受体放在同一个结构体或同一平面上来说的。修辞主体与修辞受体各有不同的心理，对世界的认知也不相同，不经表达便无由得知。这一点早在战国时代人们便已经认识到。《庄子·秋水》里面描写了庄子与惠施的一段谈话，很有说服力：

庄子与惠子游于濠梁之上。庄子曰：“儵鱼出游从容，是鱼乐也?”惠子曰：“子非鱼，安知鱼之乐?”庄子曰：“子非我，安知我不知鱼之乐?”惠子曰：“我非子，固不知子矣；子固非鱼也，子之不知鱼之乐，全矣。”庄子曰：“请循其本。子曰‘汝安知鱼乐’云者，既已知吾知之而问我。我知之濠上也。”

由庄子与惠子的谈话，我们知道修辞距离既与修辞主体与修辞受体有关，也与理解修辞文本的特定时空环境有关。因为今天我们在读《庄子·秋水》中的这段对话时，就与当时庄子与惠子谈话时对各自所建构的修辞文本的理解不同，我们还需借助古汉语的知识先对字句作一番解释，才能最终经由文字上溯历史的时空去建构当时的修辞语境，从而逼近修辞文本的原意。在西方也很早就有关于修辞距离的阐述，《马太福音》中记述：“门徒进来，问耶稣说，对众人讲话，为什么用比喻呢?耶稣回答说，因为天国的奥秘，只叫你们知道，不叫他们知道。……所以我用比喻对他们讲，是因为他们看也看不见，听也听不见，也不明白。在他们身上，正应了以赛亚的预言，说：‘你们听是要听见，却不明白；看是要看见，却不晓得……’”耶稣在对众人讲话时，运用比喻是为了避免受众真正理解他所说的天国的奥秘，其实就是为了增加修辞距离，扩大修辞受体（即众人）的接受屏障。耶稣有意利用扩大修辞距离的手段来达到特定目的的修辞自觉，值得我们关注。

朱光潜先生认为：“凡是艺术作品都是旧材料的新综合，惟其是旧材料，所以旁人可以了解；惟其是新综合，所以见出艺术家的创造，和实用世界有距离。”① 这话也正可以拿来阐述修辞距离，凡是修辞文本都是旧材料的新综合，唯其是旧材料，所以修辞受体可以理解；唯其是新综合，所以见出修辞主体的创造，体现和客观世界的距离。谭学纯先生说：“客观世界一旦进入主观视野，便具有了某种修辞化特征。所谓‘自然的人化’，在话语层面，常常表现为对象世界的修辞化。”② 这正可以从一个方面解释，修辞化的文本是与客观世界有一定的距离的。本就与客观世界有一定距离的修辞化文本，若再经由声音或文字的媒介传达给修辞受体，其间又会产生接受上的心理距离，这双重的距离（即修辞文本与客观世界的距离和修辞文本与修辞受体的距离）也就是我们所说的修辞距离。

一般说来，只要存在修辞活动，就会产生修辞距离。修辞距离是修辞活动的一个衍生品，随修辞活动的产生而产生。那么，修辞距离都有些什么特性呢？我们又应该怎样积极主动地利用修辞距离的特性，以达到良好的交际效果呢？下面我们将一一分述。

二、修辞距离的特性及影响因素

修辞距离是动态的，具有延展性和收缩性。不同的修辞文本会形成不同的修辞距离。辞格由于自身的特点与功能，呈现出特定的修辞距离倾向性。如讳饰辞格与过去时代的避讳制度有关，故对现代的修辞受体来说，修辞距离就较大；排比辞格是对同一事物从不同层面或不同角度进行强化解说，因为形式上的强调而易知易受，故所形成的修辞距离就较小。

不仅如此，同一修辞文本对不同的修辞受体来说，所形成的修辞距离也是不一样的。同理，不同的修辞受体在接受由同一辞格所构建的修辞文本时，所产生的修辞距离也是不一样的。如上文提到的讳饰修辞文本，如

---

① 朱光潜．文艺心理学［M］//朱光潜美学文集：第一卷．上海：上海文艺出版社，1982：25.
② 谭学纯，朱玲．广义修辞学［M］．合肥：安徽教育出版社，2001：66.

果修辞受体古汉语造诣较高或精通古代历史文化，在理解此类修辞文本时，所感受的修辞距离就小。

（一）修辞主体的个性特征与表达目的影响修辞距离的大小

修辞距离的产生与修辞主体建构的形式多样的修辞文本有着密切的关系。修辞文本的建构又与修辞主体的个性特征密切相关。不同的修辞主体在人生经历、受教育程度、心理状况、年龄性格、社会角色等方面都有自己的特色，受其影响，修辞主体在建构修辞文本时，会不自觉地带上自己的个性特点，进而影响到修辞距离。

此外，修辞主体不同的表达目的也会影响到他对不同修辞表达方式的选择，而不同修辞表达方式又潜隐着不同的修辞距离的信息。一般认为讳饰、藏词、折绕、双关、用典等修辞文本所形成的修辞距离相对较大，而反复、排比、顶真等修辞文本所形成的修辞距离较小。如《红楼梦》第三十回：

林宝黛听见宝玉奚落宝钗，心中着实得意，才要搭言也趁势儿取个笑，不想靛儿因找扇子，宝钗又发了两句话，他便改口笑道："宝姐姐，你听了两出什么戏?"宝钗因见林黛玉面上有得意之态，一定是听了宝玉方才奚落之言，遂了他的心愿，忽又见他问这话，便笑道："我看的是李逵骂了宋江，后来又赔不是。"宝玉便笑道："姐姐博古通今，色色都知道，怎么连这一出戏的名字也不知道，就说了这么一串子。这叫《负荆请罪》。"宝钗笑道："原来这叫作《负荆请罪》！你们通今博古，才知道'负荆请罪'，我不知道什么叫'负荆请罪'！"

宝钗要取笑宝、黛二人，却又不直言说破，而是采用了创设折绕修辞文本的模式，以达到既取笑人，又委婉含蓄，不太显露锋芒的目的。折绕修辞文本具有扩大修辞距离的特点，因为它不是明白地说出修辞主体的意图，而是故意曲曲绕绕，转着弯去说话。在修辞受体那里，就不能一看便知修辞主体的表达意图，还需思而得之。宝钗成功地运用了折绕修辞文本来达意，宝、黛一听之下，并未解过味来。宝玉针对宝钗的话又来了一番评论，自己说出了宝钗要取笑他们的"负荆请罪"。宝钗跟着的几句点化之言，让宝、黛二人马上联想到自身刚吵架又赔礼和好的事，于是"把脸羞红了"。可见，由于运用了折绕修辞文本，加大了修辞距离，才使得钗、黛、玉三人的这段对话既充满机锋，又耐人寻味。

法国语言学家沙尔·巴依认为"表达的需要，也就是生活的需要比逻辑的需要更为迫切。表现力规避事实的准确概念，同时不断地进行创制"①。也正因此，修辞主体在建构修辞文本时，会依据生活的需要和自己的交际意图，尽量避免习见的说法，尽可能地去创制丰富多彩的修辞文本，以营造出大小不等的修辞距离，激发修辞受体接受的兴味，以便实现特定的交际目的。

（二）修辞受体的个性特征对修辞距离的影响

修辞距离的存在及其大小之变，并不单单取决于修辞文本的特性，也不仅仅是修辞主体单方面的修辞选择，它还与修辞受体的客观现实及个性特色有着密切的关系。

修辞接受者具有受动性，也具有施动性。修辞活动在修辞受体的积极主动参与下，直接影响着修辞距离的伸缩。

"修辞过程中潜藏着一个信息传递模式，这是一种多层次的建构，施受双方很少能够在信息传递的各个层面相互感应，立足于道德层面的修辞表达，可能会产生美学层面的修辞接受；立足于终极关怀的修辞表达，可能会招致初级关怀意义上的拒斥，于是减值、增值、改值的接受就不可避免。"② 谭学纯先生等关于修辞接受的论述，足以证明修辞受体富有个性特征的接受心理深刻地影响着修辞距离，从而影响到修辞文本的接受效果。

修辞受体作为独立的个体存在，有着自己独异的个性特征，这些特征包括年龄、性格、经历、学养、信仰、身份特征等方面。这些个性特征在解读修辞文本的过程中都会自觉或不自觉地发挥作用，通过对修辞距离的影响来框定修辞文本的具体接受值。

具有类似个性特征的修辞受体对同一修辞文本的接受体现出修辞距离上的一种共性，《红楼梦》中香菱学作诗一段即可为证。学诗一段时间后，黛玉让香菱作一首描写月色的诗，香菱所作的第一、二首诗，黛玉、宝钗、湘云等才女都认为不好，但是当香菱把睡梦中所作的那首咏月色的诗拿给黛玉等看时，她们一致认为这首诗很好，并请香菱加入她们的诗社。香菱初学诗，还不能判断诗歌的好坏，但黛玉、宝钗她们都是满腹诗书的才女，所以黛玉等对诗歌的评判便有着内在的一致性。换句话说，香菱的诗歌对于黛玉等来说修辞距离大致是一样的，因此，对于诗歌的论断也完全一致。

在接受同一修辞文本时，个性特征差异较大的修辞受体，所呈现的修

① 沙尔·巴依．语言与生命［M］．裴文，译．南京：南京大学出版社，2006：43.

② 谭学纯，唐跃，朱玲．接受修辞学［M］．合肥：安徽大学出版社，2000：17.

辞距离往往有较大差异。如鲁迅先生的《药》中有这样一段：

“他这贱骨头打不怕，还要说可怜可怜哩。”

花白胡子的人说，“打了这种东西，有什么可怜呢？”

康大叔显出看他不上的样子，冷笑着说，“你没有听清我的话；看他神气，是说阿义可怜哩！”

听着的人的眼光，忽然有些板滞；话也停顿了。小栓已经吃完饭，吃得满头流汗，头上都冒出蒸气来。

“阿义可怜——疯话，简直是发了疯了。”花白胡子恍然大悟似的说。

“发了疯了。”二十多岁的人也恍然大悟的说。

店里的坐客，便又现出活气，谈笑起来。小栓也趁着热闹，拼命咳嗽；康大叔走上前，拍他肩膀说：

“包好！小栓——你不要这么咳。包好！”

“疯了。”驼背五少爷点着头说。

对于康大叔的“他这贱骨头打不怕，还要说可怜可怜哩”，当时茶馆里的各个接受者在领悟上就有迟速之别，鲁迅先生在文中生动地刻画了不同受众的接受过程，造成接受迟速有别的原因在于同一修辞文本对不同受体来说修辞距离大小不同。首先是花白胡子“恍然大悟”，其次是二十多岁的人，过了一会儿驼背五少爷也点着头附和。在这些人中，对康大叔所说的话修辞距离最小的人反应也就最快，修辞距离大的就要多理解一会儿才能明白。之所以如此，是与这些修辞受体的个性特征密切相关的：花白胡子岁数大，阅历多，故接受力和理解力最强；二十多岁的人年轻，有活力，思维敏捷，因此第二个表示理解；驼背五少爷是封建遗老，思想陈腐，反应慢，所以过了好一会儿才明白。

综上可知，修辞受体的个性特征在修辞距离的形成中起着重要作用，同时也是造成同一修辞文本的修辞距离大小不同的一个重要原因。关注修辞受体的个性特征，有助于我们衡量具体修辞文本所造成的修辞距离，从而考察修辞主体的表达效果，明确修辞受体的接受程度，以便更好地调整修辞主体的修辞表达。

（三）语境对修辞距离的影响

语境不仅在修辞文本的建构中起着重要的作用，在修辞受体对修辞文本的解码过程中也起着建构性作用。

语境在建构修辞距离时起着两种相反的作用：既可以扩大修辞距离，

也可以缩小修辞距离。适宜的修辞距离的建构会充分利用语境所创造的条件，以达到良好的修辞效果。《红楼梦》中宝钗扑蝶一段就充分运用了语境来达到扩大修辞距离的目的。由于有亭子的间隔，亭子内的小红等看不到外面的情形，但是亭子外的宝钗却能听清亭子内的对话。为了撇清自己，宝钗虚构了黛玉在场而自己刚刚赶来的修辞话语，从而扩大了修辞距离，使得小红等对语境与事件的把握走向了怀疑黛玉的方向。对于宝钗来说，这正是她要达到的目的，免去了自己的尴尬。

从表现方式上说，语境参与建构修辞距离可分为两种，一种是显性的主动参与，另一种是隐性的消极参与。但无论是哪一种参与建构修辞距离的方式，语境的特殊个性都会影响到修辞距离的伸缩。一般来说，显性的主动参与会缩短修辞距离，而隐性的消极参与会增加修辞距离。当然，相反的情况也会出现。因为语境只是交际中的一个因素，它对修辞距离的影响还要和修辞主体与修辞受体的个性特征结合起来才能真正起作用。

三、修辞距离的营造方法

修辞主体可以通过自己的主观努力，改变或调节修辞距离的大小。

（一）修辞距离扩张法

1. 辞格的选择

在上文中，我们已经提到部分辞格本身就具有修辞距离较大的特点，如果我们在交际中想委婉其词，扩大修辞距离，使表达具有思而得之的修辞效果，就可以通过辞格的选择来实现这一交际意图。例如适当地在话语中运用委婉、折绕、用典、讳饰、双关、藏词等辞格，就可以较好地扩大修辞距离，提高解读的兴味。因为这一类修辞文本本身就具有含蓄曲折的特点，需要接受者思而得之。尤其是析字、用典、讳饰、藏词等往往还要求修辞受体具备一定的文化素养或相关知识。试举例说明：

（1）朱雀桥边野草花，乌衣巷口夕阳斜。旧时王谢堂前燕，飞入寻常百姓家。（刘禹锡《乌衣巷》）

（2）酒阑不必看茱萸，俯仰人间今古。（苏轼《西江月·重九》）

（3）孟小樵：去年冬天差点吹了灯！这一开春，我算又活了。是不是？三元？（老舍《方珍珠》第一幕）

（4）启功先生一次生病住院，医院向他的家人和单位发了两三次病危通知，许多人都为启老担着一颗心。启功先生的一个老朋友听说启功住院了就打电话过来问，刚从昏迷中醒过来的启功接过电话，慢慢地说：“我已经‘鸟呼’了。”对方不明白，启功又说，“只差一点就乌（呜）呼了！”听了这话，对方和启功先生身边的人，都哈哈地笑了起来。

例（1）用了委婉修辞手法，不明说世事变迁急剧，而是给出了一组景物描写“王谢堂前燕”和“寻常百姓家”。其中的变化与沧桑都暗含在内了。但是若不理解这一辞格，只欣赏其所描摹的景色，就不会产生历史沧桑感，也便不能真正理解此诗的诗意。例（2）中的“茱萸”有一语双关的意思。要理解这一辞格，就需要先了解古人在重九日与亲人一起插茱萸登高的习惯。例（3）运用了讳饰辞格，“差点吹了灯”并不能作字面解，它是死亡的讳饰说法。要理解它，需要修辞受体懂得汉族人的忌讳习俗。例（4）用了析字兼讳饰辞格，“鸟呼”“乌呼”只相差一点，这是析字；“鸟呼”（“乌呼”同“呜呼”）是死亡的讳饰表达。启功对打电话来的朋友说“我已经‘鸟呼’了”之后，朋友并没有理解他的意思，需要启功自行解释，朋友和身旁诸人才会过意来，为启功的幽默与豁达而开怀大笑。可见，启功的修辞表达增加了理解屏障，即扩大了修辞距离，接受者一时反应不过来。但是一经解释，接受者又感到兴味盎然。由此可知，针对特定情境与修辞接受者适当扩张修辞距离会产生较好的修辞效果。由上面的分析我们看到，这几例都不同程度地扩大了修辞距离，给修辞接受者造成了一定程度的理解屏障，因此，也就要求修辞接受者具备解码所需要的相应知识。当修辞受体成功解读修辞文本后，则会产生较高的解读趣味。

当然，若是接受者相关知识储备不足，任何一种辞格都有可能扩大修辞距离。如：

尹志平和陆冠英各执一根柴梗，相互背着在地下划了几划。

尹志平笑道：“程师妹，我们写的字是否相同？”程瑶迦看了两人在地下所划的痕迹，低声道：“尹师兄，你猜错啦，你们划的不同。”尹志平“咦”了一声，站起身来。程瑶迦笑道：“你写的是‘黄药师’三字，他却是画了一枝桃花。”

黄蓉心头一震：“他二人来找靖哥哥，怎么都和我爹爹相关？”

只听陆冠英道：“尹师兄写的，是我祖师爷的名讳，小弟不敢直书。”尹志平一怔，道：“是你祖师爷？嗯，咱们写的其实相同。黄药师不是桃花岛主吗？”程瑶迦道：“噢，原来如此。”（金庸《射雕英雄传》第二十四回“密室疗伤”）

借代是一种比较易于辨认的修辞文本，它选取与主体有密切关系的事物来代替主体。但是，也有时候由于修辞受体对主体特征的不甚了解，以致不能很好地解读，运用借代反而会增加修辞距离。正如上引例子中程瑶迦对桃花岛主黄药师的特征不了解，所以在看到陆冠英所画的一枝桃花后，认为与尹志平所写的“黄药师”不是一回事。其实，陆冠英是用了借代的修辞手法，桃花是黄药师的典型特征，可以用来代指黄药师。这一借代修辞文本对于黄蓉（黄药师的女儿）来说，一望即知，不产生修辞距离。可是对于平时不出闺门并且对于江湖之事不太了解的程瑶迦来说，却扩大了修辞距离，以致产生误解。

2.“退场”法

为了交际目的的需要，故意把当下存在于语境中的事物用言语抽离，假设或假装其不存在，并在此基础上构建相应的交际话语，这就是“退场”法。如果能够因应时、地、人的需要，恰当运用“退场”法来进行话语修辞，可以较好地扩大修辞距离，营造特殊的交际氛围与交际语境，取得特定的表达效果。如：

小鱼儿道：“我已经向你赔不是了，你难道还不消气。”苏樱好像根本没有听见他在说什么。

小鱼儿叹了口气，喃喃道：“我本来想求她嫁给我的，她既然如此生气，看来我不说也罢，也免得去碰个大钉子。”

苏樱霍然回过头，道：“你……你说什么？”（古龙《绝代双娇》第126章“真相大白”）

江小鱼正面与苏樱对话时，由于生气，苏樱对江小鱼的道歉不理不睬。在这种情形下，江小鱼巧妙地运用了“退场”修辞法，假装对自己说话，把本来就在身边的苏樱当作不存在，对其指称也由第二人称“你”转化为第三人称“她”，从而别出心裁地建构出独特的修辞文本，既说出了求婚的意图，又委婉地道了歉。虽然这种表达在形式上指向了第三者，扩大了修辞距离，但是，对于当事人来说，具有共同的语境与认知经验，还是能够较好地理解的，并且会赞赏发话人的机智幽默。果然，苏樱一听之下，转怒为喜，她从江小鱼婉转的表达中推断出了其真实用意，而这也正是她希望听到的。于是，苏樱马上改变态度。可见，恰当运用“退场”法来建构修辞文本，可以较好地营造修辞距离，避免直面对方时的窘迫，从而化解尴尬，消除误会，收到良好的交际效果。

（二）修辞距离减缩法

一般来说，缩小修辞距离有助于降低修辞接受的难度，增强接受效果。但是，并不是修辞距离小就等同于接受效果好。因为接受效果的好坏与交际双方的个性特点、文化素养、思想境界、经历经验等多种因素相关。我们这里主要探讨修辞距离对表达效果的影响，故对其他方面的影响因素暂不多论。我们认为修辞主体在建构修辞文本时可以通过以下两种方式来缩小修辞距离。

1. 辞格的选择

上文已谈到，不同辞格本身对修辞距离有一定的制约，因此，选用某些辞格可以实现缩小修辞距离的目的。一般来说，比喻、映衬、借代、夸张、设问、顶真、反复、排比、层递等辞格在建构时，有的辞格所说内容常常选用人们较熟悉的或有鲜明特征的事物，有的则在形式上有较明显的标记，因此，对于接受者来说，其所造成的修辞距离就较小，更容易理解和接受。如：

（5）希望犹如肥皂泡，一会儿又迸裂了三四个。（叶圣陶《多收了三五斗》）

（6）单四嫂子等候天明，却不像别人这样容易，觉得非常之慢，宝儿的一呼吸，几乎长过一年。（鲁迅《明天》）

（7）沉默呵，沉默呵！不在沉默中爆发，就在沉默中灭亡。（鲁迅《记念刘和珍君》）

（8）东市买骏马，西市买鞍鞯，北市买辔头，南市买长鞭。（北朝民歌《木兰辞》）

例（5）中的“希望”是抽象的事物，不容易把握，但是叶圣陶先生在描写旧毡帽朋友的希望破灭时，运用了一个比喻辞格，把希望比作人们熟悉的“肥皂泡”，形象地说明了希望的不可靠和易于破灭。因为喻体是人们熟知的事物，所以这一比喻的运用就有效地缩小了修辞距离，让读者对旧毡帽们的情感、思想与悲惨境遇有了更深刻的把握。例（6）中用到了一个夸张辞格，深刻地揭示了守寡的单四嫂子在黑夜中守候着患了重病的唯一的儿子时那种心急如焚、忧愁万状的心情。夸张辞格的运用把宝儿呼吸艰难、单四嫂子如坐针毡的心情都淋漓尽致地传达了出来，缩小了修辞距离，让人一读即知。例（7）运用了反复辞格，加强了语气，表现了作者强烈的愤慨情感。修辞受体单从反复出现的字面就能感受到这种愤慨，故而这种修辞文本的修辞距离就较小。例（8）通过排比的形式，表现了木兰在四个市场上穿梭往来买东买西的忙碌紧张，突出强调了木兰出征前准备工作的繁忙。这种紧张与繁忙由于东南西北四个市场的排比使用，更容易让人感同身受。排比辞格在形式上能体现出对所要描写事物与所欲表达情感的强调，因此，修辞距离较小。

2.“在场”法

“在场”也即事物存在于现场，是当时当地交际双方可以感知的语境因素。不过，这里的感知并不单纯是指物理上的感知。我们这里所说的感知，也包括心理上或情感上的感知，也即由他人的话语而引起对特定事物的体验，并在心理上认为该事或该物就存在于当下，由此而影响到自己的言语行为。

如金庸《射雕英雄传》中陆冠英与尹志平的一段特殊对话：

陆冠英缓缓站起身来，走到灶边，对灶头上画着的灶神说道：“灶王爷，小人有一番心事，苦于不能向人吐露，只好对你言明，但愿神祇有灵，佑护则个。”

程瑶迦暗赞：“好聪明的人儿。”抬起了头，凝神倾听。……

陆冠英听得程瑶迦低声惊呼，极想回头瞧她的脸色。但终于强行忍住，心想：“我若见到她在听我说话，那就万万不能再说下去。那日爹爹对天自言自语，始终未曾望我一眼。现下我是在对灶王爷倾诉，她若听见，那是她自行偷听，我可管不着。”于是接着说道……

尹志平背转身子，对着灶君说道：“灶王爷，全真教最爱给人排难解纷。江湖上有甚么不平之事，但教让全真门下弟子知晓，决不能袖手不理。”陆冠英知道这几句话是说给自己听的，于是说道：“灶王爷，盼你保佑此事平平安安的了结，弟子对出力的诸君子永感大德。”尹志平道：“灶王爷，你放心，全真七子威震天下，只要他们几位肯出手，凭他泼天大事，也决没办不成的。”

陆冠英一怔，心道：“全真七子若是恃强说合，我祖师爷岂能服气？”忙道：“灶王爷，你知道，我祖师爷平素独来独往，不理会旁人。人家跟他讲交情，他是肯听的，跟他说道理，他却是最厌憎的了！”（金庸《射雕英雄传》第二十四回“密室疗伤”）

身为黄药师徒孙的陆冠英不便直接请他人帮忙说合黄药师与江南七怪，使他们化解恩怨，但是为了不伤及无辜，为了侠义精神，为了其父与郭靖的交情，他不得不把自己的想法透露给他人，以便共同努力，化干戈为玉帛。面对这种独特的语境，陆冠英巧妙地运用了“在场”法来组织自己的修辞言说。他把本不在场的灶王爷抬了出来，并且郑重其事地向灶王爷倾诉恳求，这样一来，他的满腹心事就可以全部吐露，同时不违背师门戒律。这种一举两得的法子，正是“在场”法的巧妙运用。尹志平在答复陆冠英时也运用了“在场”法，通过本不在场的灶王爷的虚拟出场，陆冠英和尹志平成功地实现了双方交流的目的。若不是巧妙运用了“在场”法，他们之间的交流在种种限制下根本无法展开。

综上所述，一方面，为了更好地表情达意和实现交际目的，我们一定要关注修辞距离，使它处在一定的限度内，既要增加接受者解读的兴味，又要防止修辞距离过大而导致误解。另一方面，我们也要注意不使修辞距离过小、过于模糊，从而削减解读修辞文本的趣味。此外，恰当的修辞距离，不仅可以增加修辞主体所说话语的文采，激发修辞受体接受的热情，还可以使交际活动呈现出一定的美感，这必将让人们更乐意琢磨语言文字的运用，提升自己的语言表达技巧，从而丰富语言宝库。

参考文献

1. 吴礼权. 修辞心理学［M］. 昆明：云南人民出版社，2002.

2. 朱光潜. 文艺心理学［M］//朱光潜美学文集：第一卷. 上海：上海文艺出版社，1982.

3. 谭学纯，朱玲. 广义修辞学［M］. 合肥：安徽教育出版社，2001.

4. 曹雪芹. 红楼梦［M］. 3 版. 无名氏，续. 北京：人民文学出版社，2008.

5. 沙尔·巴依. 语言与生命［M］. 裴文，译. 南京：南京大学出版社，2006.

6. 谭学纯，唐跃，朱玲. 接受修辞学［M］. 合肥：安徽大学出版社，2000.

A Research of “Rhetorical Distance”

Luo Fei

(*College of International Education*, *Hebei University of Science and Technology*, *Shijiazhuang*, 050011)

Abstract: “Rhetorical Distance” refers to the rhetorical text formed by the rhetorical subject’s infiltration of linguistic signs into the expression of the subject’s intention to reduce or expand the interpretation barrier of the rhetorical receptor, therefore, the special cognitive space between the speaker and the recipient is formed by the intervention of the rhetorical text. “Rhetorical Distance” exists objectively in communicative activities, but academic circles have paid very little attention to it. The article gives an in-depth explanation of the definition, characteristics, construction methods and interpretation skills of "Rhetorical Distance" from the level of combining theory and practice. The research on the theory of "Rhetorical Distance" helps to expand the academic space of rhetorical research.

Key Words: Rhetorical Distance; definition; characteristics; expand; narrow

肯定性话语立场的修辞建构[①]

闫亚平　刘　彬[②]
（华北水利水电大学外国语学院　郑州　450046）

摘　要：能够诱发交际受体积极情感和有助于交际目标顺利实现的肯定性话语立场，不仅需要通过一定的修辞手段去得体地展现，更需要通过一定的修辞手段去策略性地建构。其中，表立场标记动词、正面评价性词语、称呼语、人称代词等词汇手段的适宜使用，隐喻和讳饰等积极修辞手段的恰当应用，是展现、彰显、塑造和建构交际主体对交际受体或话语中涉及第三人肯定性话语立场的有力手段。

关键词：肯定性话语立场；修辞；建构

一、引言

心理学研究表明，在人际交往互动中，人们“见到‘自己人’会感到亲切，与‘自己人’打交道会觉得方便和放心，信息流通在‘自己人’之间也会远比与普通人之间传播得快……凡此种种，其实都是‘“自己人”效应’在起作用”[③]。这种“自己人效应”在人际交往互动中发挥着强大的肯定而积极的效用，“通常会使人们做出正面的、肯定的反应和评价，如友好的态度、合作的精神、愿意亲近的姿态等等”[④]。可见，在言语互动交际中，需要我们充分发挥“自己人效应”，向交际受体得体地、适宜地、策略性地展现或构筑彼此间的肯定性话语立场。

所谓肯定性话语立场，主要指的是言语互动交际中，交际主体与交际受体或话语涉及的第三人在认识、观点、价值观、情感、评价、态度等方面的趋近、趋同乃至认同与一致。福柯指出，话语具有建构性，话语建构知识客体、建构社会主体、建构自我“形式”、建构社会关系及建构概念

---

① 本文为2019年度河南省高等教育教学改革研究与实践项目“‘讲好中国故事’视域下大学英语‘金课’研究”（项目编号：2019SJGLX284）阶段性成果；河南省高等学校青年骨干教师培养计划资助项目（项目编号：2020GGJS096）阶段性成果。

② 作者简介：闫亚平，复旦大学文学博士，华北水利水电大学外国语学院副教授，兼任中国修辞学会理事；刘彬，华北水利水电大学外国语学院汉语国际教育专业2019级硕士研究生。

③ 张建雄．人际关系新思维［M］．北京：民族出版社，2003：100.

④ 张建雄．人际关系新思维［M］．北京：民族出版社，2003：101.

框架。可见，话语不仅反映和表现着世界，还说明和建构着世界。对此，言语互动交际中，有助于交际目标圆满实现的肯定性话语立场，不仅需要我们通过一定的修辞手段去策略性地展现，更需要我们通过一定的修辞手段去策略性地建构。

二、肯定性话语立场修辞建构的词汇手段

（一）表正面立场标记动词

所谓“表正面立场标记动词”，指的是能直接而鲜明地传达、体现和彰显交际主体正面性立场与态度的动词，如“支持”“坚持”“赞赏”“赞成”“尊重”“理解”“愿（愿意）”“珍视”“重视”等。言语交互活动中，交际主体通过表正面立场标记动词，可显著、鲜明地传达和建构其与交际受体的肯定性立场。如：

（1）蒋对吴的辞职不予批准，并对吴说：“辞修和你斗，你就和他斗，我支持你。”（朱小平、吴金良《蒋氏家族全传》）

（2）当他汇报完自己的想法后，钱正英一言不发，来回久久踱步。良久，她毅然决然地表示：“我赞成你的意见。那种水电工程建设中军事化的指挥部已不适应时代要求了。”（北大语料库）

（3）“我完全理解你，”他的朋友回答，“但我叔叔伊杰却能搞得牙医发疯。”（北大语料库）

例（1）至例（3）通过“支持”“赞成”“理解”这些表正面立场和态度的表立场标记动词，显著传达和彰显了交际主体对交际受体的支持和肯定性立场。在以国家为交际主体的外交场合也是如此。如：

（4）a. 中方坚定支持越南的革新事业，……中方愿同越方全面分享国家建设各领域的体会和认识，探索丰富和发展社会主义建设的理论和实践。

b. 我们比以往任何时候都需要守望相助、携手前行。中方高度重视发展同越南的关系，愿同越方一道，……为两国人民带来更大福祉。（习近平《共同谱写中越友好新篇章——在越南国会的演讲》，2015 年 11 月 6 日）

（5）中方赞赏厄方坚持独立自主的和平外交政策，不畏强权，勇于维护正义。中方对中厄在联合国改革、气候变化、可持续发展等重大国际问题上的合作感到满意，赞赏厄方在担任拉丁美洲和加勒比国家共同体轮值主席国和“四驾马车”成员期间积极推动中拉论坛建设和中拉整体合作。

（习近平《搭建中厄友好合作的新桥》，2016 年 11 月 16 日）

例（4）、例（5）通过“支持”“重视”“愿”“赞赏”这些表正面立场的表立场标记动词，加上“坚定”“高度”这些增强语势词语的修饰，显著传达、彰显、塑造和建构了交际主体中国对交际受体国家的支持和肯定性立场，进而有助于彼此间友好、合作、亲密的“群内成员关系”的打造与构筑。

（二）正面评价性词语

何谓“评价”？陈景元、高佳（2012）指出，“在现代汉语评价表达体系中，评价是一个具有比较性、主观性和附有价值的概念，远非传统意义上的褒贬所能涵盖。凡具有主观性，表明或隐含说话人或作者立场、情感、态度，传递人际功能的语言学资源，都是评价”①。可见，评价性词语就是说话人对人或事物、事件进行主观比较的反映。它包含着说话人的世界观、人生观、价值观，包含着人们对人或事物、事件的立场、观点、态度、情感、评价等。因而，在言语互动交际中，交际主体可通过正面评价性词语的得体使用，凸显、展现、塑造和建构其对交际受体及相关人、事的积极情感、态度、评判乃至同一、认同、赞赏的立场。

1. 正面显性评价性形容词

所谓正面显性评价性形容词，指的是明显具有正面评价色彩的形容词。作为评价的基本手段，带有正面评价色彩的显性评价性形容词，大大有助于展现和建构交际主体对交际受体及相关人、事的肯定性立场。如：

（6）很高兴，也很荣幸来到这里，在这所伟大的大学和你们共聚一堂。（米歇尔·奥巴马在北京大学的演讲，2014 年 3 月 22 日）

（7）玛曼不知所措地继续说：“我只是想要你回忆起一些事，这些事能提醒你是怎样长大的，从摇篮一直到课桌，因为你是一个非常聪明的孩子，你使我们大家那样幸福……”（米兰·昆德拉《生活在别处》）

（8）买主十分高兴，拍着小黎的肩膀说：“和你这样诚实的人做生意，我们放心。”（北大语料库）

例（6）中，交际主体米歇尔·奥巴马通过表积极情感的形容词“高

① 陈景元，高佳. 现代汉语副词的评价视角分析［J］. 河北师范大学学报（哲学社会科学版），2012（6）：131.

兴”和“荣幸”，传达了她对北京大学演讲一行的积极情感与态度；通过表正面评价形容词“伟大”的使用，彰显和传达了她对北京大学的肯定性价值评价。同时，这些正面显性评价性形容词的使用，也展现和传达了交际主体作为远道来到中国、来到北京大学的“美国第一夫人”，是站在与广大交际受体同一立场上的，进而有助于双方积极正面乃至一致性立场的塑造与建构，有力拉近了双方的距离，从而能够诱导和激发广大交际受体的积极情感反应，为交际目标的圆满实现奠定坚实的情感和心理基础。例（7）中，交际主体玛曼通过正面显性评价性形容词“聪明”的使用，凸显和传达了其对交际受体能力的积极评判；通过正面显性评价性形容词“幸福”，传达了其对交际受体的积极情感态度。因此，这些正面显性评价性形容词的得体使用，展现和传达了交际主体对交际受体的肯定性赞赏立场。例（8）中，交际主体买主通过正面显性评价性形容词“诚实”的使用，凸显和表达了其对交际受体人格和品质的积极评判，展现、塑造与建构了其对交际受体的赞赏、认同立场。

2. 正面显性评价性副词

言语互动交际中，富有明显正面评价色彩的显性评价性副词的得体使用，也是彰显和建构交际主体肯定性立场与态度的一种常用方式和手段。如：

（9）行政管理体制和综合配套改革稳步推进。（北大语料库）

（10）正是新疆各族人民悉心照顾和关怀，才能够使疲惫不堪的义勇军官兵在短时间内得以康复。（北大语料库）

（11）牛顿在科学上发展很快，超过自己的老师时，他的老师巴罗毅然让出自己的位置，推荐牛顿做了数学讲座的教授。（北大语料库）

陈景元、高佳（2012）指出，汉语副词在评价表达体系中具有重要的地位和作用，主要表现在评价态度和量级方面。不仅许多描摹性副词具有凸显的褒贬评价意义，而且评注性副词具有元语评价意义①。例（9）至例（11）中，交际主体先后通过正面显性评价性副词“稳步”“悉心”“毅然”，展现和表达了其对“行政管理体制和综合配套改革”“新疆各族人民”“他的老师巴罗”的积极评价和情感态度，传达、塑造和建构了其对相关人、事的肯定、赞赏和认同的立场。

① 陈景元，高佳．现代汉语副词的评价视角分析［J］．河北师范大学学报（哲学社会科学版），2012（6）：131.

3. 正面隐性评价性词语

评价作为语篇意义的核心成分，不仅可以出现在语篇的任何地方，其实现方式也存在显性与隐性之别。它不仅可以通过显性评价性词语直接表达，也可以通过隐性评价性词语来间接传达。对此，言语互动交际中，交际主体也可通过正面隐性评价性词语的得体使用，传达和建构其对交际受体的肯定性立场。所谓正面隐性评价性词语，指的是其正面评价意义的实现，不是词汇本身所具有的，而是属于言外之意，需要借助语境等额外信息，进一步推理和加工，才能解读其正面评价意义的词语。如：

(12) 望着满身湿淋淋的市长，人们说："何市长，你能到现场看看，我们老百姓就知足了。"(北大语料库)

(13) 巴菲特为什么能够持续战胜市场，就是因为他坚持自己的原则，而不管市场发生任何波动。(北大语料库)

(14) 就这样，连续突击 55 天，每天都干到晚上 10 点才收工，按时完成管道施工任务。(北大语料库)

例（12）中，状态形容词"湿淋淋"，原本用来"形容物体湿得往下滴水"之意，本身并不具有明显的主观评价色彩。[①] 而在当前语境中，交际主体却用它来形容前往事发现场的市长淋雨后的样子，使得原无明显评价色彩的形容词"湿淋淋"，在这一特殊语境中具有了正面的评价意义，隐性传达了其对市长的肯定性立场和尊敬、爱戴等积极情感、态度与评价。例（13）中，动词"坚持"原本用来表示"坚决保持、维护；不改变"之意，本身并不具有明显的评价色彩。[②] 而在当前语境中，交际主体却认为"坚持自己的原则"就是巴菲特持续战胜市场的原因，使得原无明显评价色彩的动词"坚持"在当前语境中具有了正面的评价意义，隐性传达了其对巴菲特的肯定性立场和积极态度与评价。例（14）中，副词"按时"原本用来表示"依照规定的时间"之意，本身并不具有明显的评价色彩。[③] 而根据当前语境可知，能够按时完成管道施工任务并非易事。因此，这里的"按时"，在当前语境中就临时具有了正面的评价意义，隐性传达了交际主体对相关人、事的肯定性立场和积极态度与评价。

① 中国社会科学院语言研究所词典编辑室．现代汉语词典［Z］．7 版．北京：商务印书馆，2016：1180.

② 吕叔湘．现代汉语八百词［M］．增订本．北京：商务印书馆，2006：295.

③ 中国社会科学院语言研究所词典编辑室．现代汉语词典［Z］．7 版．北京：商务印书馆，2016：631.

（三）称呼语

称呼语不仅仅是言语互动交际中人们当面招呼所使用的名称，也是呈现交际主体立场与态度的鲜明标志和手段。因而，称呼语的得体使用，是凸显、展现、塑造和建构交际主体对交际受体肯定性立场的一种显著手段。如：

（15）有一次，演讲家曲啸同志应邀到一所监狱向犯人讲话，遇到一个难题，那就是怎样称呼的问题，如果叫“同志们”吧，好像不大合适，叫“罪犯们”吧，好像会伤害到对方的自尊。经过考虑，曲啸同志在称呼他们时，说的是“触犯了国家法律的朋友们”。谁知这句称呼一出来，全体罪犯热烈鼓掌，有人还当场落下了热泪。（徐铭霞《社交礼仪》）

（16）周剑华发自肺腑地说：“老弟，哥哥我不是好人，是过来的坏人，我是真把你当成朋友才说了几句人话。别人可以那样做，你不能。……”（豆豆《遥远的救世主》）

例（15）中，之所以三个称呼中“触犯了国家法律的朋友们”这一称呼引得全体交际受体热烈鼓掌，甚至落下热泪，就是因为在当前语境下，通过这一称呼自然而巧妙地把交际主体与交际受体间的身份关系塑造和建构为等同友好的朋友关系，有效构筑起了双方间的肯定性立场与态度。所谓“血浓于水”，在汉文化语境中，亲属关系远胜于其他人际关系。对此，在汉语言语互动交际中存在着亲属称谓泛化的现象，即本没有亲属关系的交际双方，以亲属称谓来称呼自身或对方。例（16）中，交际主体就以原本属亲属称谓的“老弟”和“哥哥”来称呼交际受体和自身，以塑造和建构起双方间亲近、友好的身份关系，从而大大有助于彼此间肯定性立场的构筑。

（四）人称代词①

人称代词不仅是表示指示和替代的词，还具有立场建构功能。“人称代词与所指对象之间具有极大的不定性，这使其成为一种显著而有效的立场建构的互动手段。”② 柴改英、郦青（2012）也指出，“人称代词不仅仅

① 独立使用的人称代词也是称呼语的一种。但由于人称代词具有显著的立场建构功能，本文将其单独列出讨论。

② 闫亚平．人称代词的立场建构功能及其“立场化”走向［J］．世界汉语教学，2018（4）：495．

是对人的一种称谓，如我、你、他、我们、你们、他们等，它们是表明、建立、改变社会关系的风向标，透露了一种关系、态度和立场”①。对此，言语交互活动中，交际主体可通过人称代词的策略性选用，展现和构筑彼此间的肯定性同一立场。如：

(17) 夏顺开：“王同志，咱不能要求人十全十美吧？你得允许我偶一失足吧？”

亚茹也笑了：“当然允许。不过你已然这么大岁数了，有些毛病是不是就不该犯了？譬如一个大人再得小儿麻疹就有些奇怪了吧？”

大家哄堂大笑。(王朔《刘慧芳》)

(18)（对儿童说）谁欺负咱们了，找他说理去。(吕叔湘《现代汉语八百词》)

“所谓‘交互站位’式变换，指的是发话人择取与听话人或话语中涉及的第三人同一的视角与定位即‘交互站位’来选用相应的人称代词，以代换正常语义特征下本该选用的人称代词，从而凸显和展现其对自身、听话人或话语中涉及的第三人的积极定位、评价和彼此间的正同盟关系，建构其对听话人或话语中涉及的第三人同一性、一致性的正面立场。”② 例(17)、例(18)中的人称代词“咱”“咱们”便是交互站位式变换的结果，有助于交际双方同一性、一致性肯定立场的展现与构建。具体来说，例(17)中的第一人称代词“咱”，实际上指的是“你”——交际受体王亚茹，并不包括交际主体夏顺开。但在当前这个表劝阻的语境中，交际主体并没有直接使用所指更加明确、对称中常用的第二人称代词“你”，而是选用了第一人称代词“咱”，把自身也包括在内，以此凸显和塑造其与交际受体是站在同一立场上的，使话语显得委婉而有礼貌，又拉近了双方的距离，诱导和激发了交际受体的积极情感反应——“亚茹也笑了”，为交际目标的圆满实现奠定了坚实的情感和心理基础。如果我们把这里的“咱”改为“你”，说成“你不能要求人十全十美吧”，就明显缺乏这种一致性立场的塑造和建构，从而使得话语带有一种较直接的批评和指责交际受体的意味。这样既严重威胁到了交际受体的面子，容易引起交际受体的反感，又拉大了双方的距离，大大有碍交际目标的顺利实现。例(18)中的“咱们”，显然实际上也只是指儿童自身，相当于“你”。但交际主体在

① 柴改英，郦青．当代西方修辞批评研究［M］．北京：国防工业出版社，2012：258.
② 闫亚平．人称代词变换的立场导向［J］．汉语学习，2019（5）：38.

这里策略性地选用复数第一人称代词“咱们”，把自身也包括在内，从而凸显和构建了其与交际受体是站在同一立场上的，话语显得亲切而委婉。

当然这种肯定性立场的建构，还可以通过人称代词的“他人站位”式变换来实现。所谓人称代词的“他人站位”式变换，指的是“发话人择取以听话人或话语中涉及的第三人为中心的视角与定位即‘他人站位’，来选用相应的人称代词，以代换正常语义特征下本该选用的人称代词，从而凸显和展现其对自身、听话人或话语中涉及的第三人的积极定位、评价和彼此间的正同盟关系，实现彼此间正面立场的建构”①。

言语互动交际中，肯定性话语立场的建构除了通过人称代词的“交互站位”式变换和“他人站位”式变换，还可以通过人称代词与名词性词语的组合来实现。如：

（19）“咱宋师傅是弹花老手，要再用上机器，弹出来一定好！”宋师傅说：“那可不一定！那可不一定！”（马烽《一架弹花机》）

（20）他说：“咱们新队委选出来了，这是个大喜事，也是咱们大伙日夜盼望着的一件大事。”（李准《春笋》）

（21）小顺道：“提起西头的人来，没有一个没歌的，连那一个女人脸上有麻子都有歌。不只是人，每出一件新事，隔不了一天就有歌出来了。”又指着有才道：“有我们这位老叔，你想听歌很容易！要多少有多少！”（赵树理《李有才板话》）

与例（17）、例（18）不同，例（19）至例（21）中的“咱”“咱们”“我们”，处于表称呼或身份的名词之前，既不再单独充任主语、宾语，所指也变得宽泛、模糊，甚至完全可以省去不用。如例（19）至例（21）也完全可以说成：

（19′）“□宋师傅是弹花老手，要再用上机器，弹出来一定好！”宋师傅说：“那可不一定！那可不一定！”

（20′）他说：“□新队委选出来了，这是个大喜事，也是□大伙日夜盼望着的一件大事。”

（21′）小顺道：“提起西头的人来，没有一个没歌的，连那一个女人脸上有麻子都有歌。不只是人，每出一件新事，隔不了一天就有歌出来了。”又指着有才道：“有□这位老叔，你想听歌很容易！要多少有多少！”

---

① 闫亚平．人称代词变换的立场导向［J］．汉语学习，2019（5）：39.

去掉人称代词“咱”“咱们”“我们”的例（19′）至例（21′）与例（19）至例（21）相比，虽然语义基本相同，但明显缺少了交际主体主观态度与立场的清晰传达，缺少了交际主体对交际受体或话语所涉及的第三人“自己人”亲密关系的凸显。可见，人称代词与表称呼或身份名词的得体组合，也有助于交际主体与交际受体或话语所涉及的第三人肯定性立场的展现与构筑。

与上述情况类似的还有一个单数第一人称代词“我”。如：

（22）我使馆确认共有6名中国公民在斯里兰卡爆炸袭击中遇难（新华网，2019年5月1日）

（23）我军经典战术之——重兵重围（搜狐网，2019年4月22日）

（24）我校喜迎2019级研究生新生（华北水利水电大学网站，2019年9月10日）

（25）新校区升旗活动是由校团委主办，新区团工委、国旗班承办的一项活动，由“十一”升旗活动、“一二·九”升旗活动、“五四”升旗活动组成，旨在增强同学们的爱国意识、忧患意识，展现我华水学子积极向上的风采风貌，不断进取，为我们伟大祖国的复兴贡献自己的一份力量。（百度贴吧·华北水利水电大学吧）

（26）内地女演员中，我大幂幂绝对是人气最高成绩最好的一位。多少女明星红极一时，可是红得快糊得也快，只有我大幂幂红了之后一直有着强烈的存在感。（百度贴吧·娱乐圈吧）

例（22）至例（26）中，交际主体所使用的“我使馆”“我军”“我校”“我华水学子”“我大幂幂”，表达的并不是“我的使馆”“我的军”“我的学校”“我的华水学子”“我的大幂幂”之义，而是通过原属于单数第一人称代词“我”的使用，来凸显和建构其与后面相应机构或人的同一立场，增强其与后面机构或相关人之间的亲密、友爱关系，因而使话语显得十分亲切，主观性显著增强。

三、肯定性话语立场建构的积极修辞手段

（一）隐喻

隐喻不仅是一种积极修辞手法，更是人类普遍存在的一种思维方式和认知手段。源域与目标域之间的选择和搭配，不仅能折射出交际主体的主观认知、信念、态度和情感，也引领着交际受体的思维，重塑着交际受体

的态度，帮助人们建构社会实在和社会关系。对此，言语互动交际中，交际主体可通过隐喻的得体构建，展现、塑造和建构其与交际受体之间的肯定性同一、赞赏立场。如：

(27) 他说：无论是中央还是地方，我们都是在一条船上，所有的同志都要同舟共济，大家一起迎着风浪，坚定不移地向中国特色社会主义道路迈进。(北大语料库)

(28) 汪永富浑身酒气，可是说话清楚，脚步也稳健："噢，你们几个好朋友都在这里，还是你们那个时候的朋友好……许达伟，我们现在是一条船上的人了，你和我都是下放在一个公社里……"（陆文夫《人之窝》）

例（27）、例（28）中，交际主体通过"一条船上""同舟共济""迎着风浪""道路""迈进"等词语，构成旅途类隐喻，把自身与交际受体隐喻成"同舟共济者"，以此来展现、塑造和建构彼此间相互影响、相互依存的、不可分离的一致性肯定立场。还如：

(29) 齐威王连喝几口，止住咳嗽，对田忌又道："你与邹相国……是寡人的左膀右臂……相国心胸虽窄……治理国家还是很有办法……寡人希望你们以后能……捐弃前嫌……和睦相处……"（北大语料库）

(30) 他满意薛国观的回答同他从东厂提督太监曹化淳口中所得的报告完全相符，笑着点点头说："卿不欺朕，不愧是朕的股肱之臣。"（姚雪垠《李自成》）

例（29）、例（30）中，交际主体通过身体部位隐喻，有力展现、塑造和建构了交际受体的重要身份地位，从而有助于其对交际受体肯定性赞赏立场的巩固与增进。

（二）讳饰

讳饰，"是表达者在情意表达时'遇有犯忌触讳的事物，便不直说该事物，却用旁的话来回避掩盖或装饰美化的'一种修辞文本模式"①。吴礼权（2006）指出，"在汉语中，讳饰是一种十分习见的修辞现象，因为中国人由于种种心理缘故，往往对某些事物或概念有所忌讳。因此，在言语交际中，表达者为了顾及接受者的情感或心理感受，往往会换一种说法，

① 吴礼权．现代汉语修辞学［M］．上海：复旦大学出版社，2006：37.

将所要表达的意思婉约地表达出来。这样，接受者可以自己通过对表达者所建构的修辞文本的解读而自行解读出文本的真实内涵，从而避免了在心理上产生对表达者表达内容的抵触情绪，能够愉快或坦然地接受之”①。我们认为，讳饰作为一种积极修辞手段，不仅使交际受体“避免了在心理上产生对表达者表达内容的抵触情绪，能够愉快或坦然地接受之”，也有助于展现、彰显、塑造和建构交际主体与交际受体间的肯定性一致立场。如：

（31）凑近一看，见她脸上流下来的血已经把她胸前的白衣染红了，眼睛已经闭上。我知道她不行了，才赶忙跳出门外……（魏巍《谁是最可爱的人》）

（32）成岗愉快地看着这个聪明伶俐的孩子：这孩子，太可爱了。

“你在这里……呆了好久？”成岗不愿对孩子说出那个可怕“关”字，改口说成“呆了好久”。

“我从小就在这里……”（罗广斌、杨益言《红岩》）

例（31）中，交际主体用“不行了”，而不用人们比较忌讳的“死”这个词，既表达了其对所陈说对象的礼貌、尊重，也有助于展现其与交际受体立场一致的革命情谊。例（32）中，交际主体成岗把“关”换成了“呆”，既使话语显得委婉，减弱了对交际受体面子的威胁程度，又传达和彰显了其对交际受体疼惜、关爱的肯定性立场。

四、结语

肯尼斯·伯克（1969）指出，“只有当我们能够讲另外一个人的话，在言辞、姿势、声调、语序、形象、态度、思想等方面做到和他并无二致，也就是说，只有当我们认同这个人的言谈方式时，我们才能说得动他”，“毋庸讳言，修辞者可能必须在某一方面改变受众的意见，然而这只有在他和受众的其他意见保持一致时才办得到。遵从他们的许多意见为修辞者提供了一个支点，使得他可以撬动受众的另外一些意见”。② 这个“并无二致”“保持一致”可以“撬动”交际受体“支点”的核心体现，即我

① 吴礼权. 现代汉语修辞学［M］. 上海：复旦大学出版社，2006：37.

② 转引自刘亚猛. 西方修辞学史［M］. 北京：外语教学与研究出版社，2008：346.

们所说的肯定性话语立场。“将欲取之，必先予之。”言语互动交际中，只有当交际主体在认识、观点、价值观、情感、评价、态度等方面与交际受体趋近、趋同乃至认同与一致，才能取得交际受体的善意和好感，才能为进一步说服交际受体或者诱发交际受体改变态度或执行行为奠定坚实的情感和心理基础。而话语的建构性本质特征，又决定了肯定性话语立场不仅需要人们通过一定的修辞手段去策略性地展现，更需要通过一定的修辞手段去策略性地建构。其中，表立场标记动词、正面评价性词语、称呼语、人称代词等词汇手段的得体使用，隐喻和讳饰等积极修辞手段的恰当应用，是展现、彰显、塑造和建构交际主体对交际受体或话语中涉及第三人肯定性话语立场的有力手段。

参考文献

1. 柴改英，郦青．当代西方修辞批评研究［M］．北京：国防工业出版社，2012.

2. 陈景元，高佳．现代汉语副词的评价视角分析［J］．河北师范大学学报（哲学社会科学版），2012（6）．

3. 陈望道．修辞学发凡［M］．上海：上海教育出版社，2001.

4. 刘亚猛．西方修辞学史［M］．北京：外语教学与研究出版社，2008.

5. 吕叔湘．现代汉语八百词［M］．增订本．北京：商务印书馆，2006.

6. 吴礼权．现代汉语修辞学［M］．上海：复旦大学出版社，2006.

7. 吴礼权．言语交际与人际沟通［M］．上海：复旦大学出版社，2006.

8. 闫亚平．人称代词的立场建构功能及其“立场化”走向［J］．世界汉语教学，2018（4）．

9. 闫亚平．人称代词变换的立场导向［J］．汉语学习，2019（5）．

10. 张建雄．人际关系新思维［M］．北京：民族出版社，2003.

Rhetorical Construction of Positive Discourse Stance

Yan Yaping　Liu Bin

(*School of Foreign Languages*, *North China University of Water Resources and Electric Power*, *Zhengzhou*, 450046)

Abstract: The positive discourse stance that can induce the positive emotion of communicative receptor and improve the realization of communicative goals, is not only necessary to be expressed decently by certain rhetorical ways, but also to be constructed tactically. The appropriate usage of the lexical rhetorical methods such as expressing stance marked verbs, positive appraisal words, address words, personal pronoun and the positive rhetorical methods such as metaphor and euphemism are powerful means for communicative subject to show, express, shape up positive discourse stance with communicative receptors or the third person involved in discourse.

Key Words: positive discourse stance; rhetoric; construction

修辞学史研究

新世纪以来中国修辞研究的创新[①]

段曹林[②]
（海南师范大学文学院　海口　571158）

摘　要： 新世纪中国修辞研究的创新主要源于问题意识的驱动和对学科大生态的主动融入，整体呈现多方联动和格局多元的态势。观念、理论、范式、方法、话语等诸个方面的创新彼此关联，形成互动，催生了以广义修辞学为代表的多元化研究新景观、总趋势。创新性表现在自创、移植、嫁接等研究行为蕴藏的理论活力及应用生机。

关键词： 新世纪；中国修辞研究；创新性；联动；多元化

新世纪以来，中国修辞研究开启了融入大生态和格局多元化的新阶段，这不单是学科自身内省外察、革故鼎新的结果，也是社会转型、学术研究转向的必然态势。“融入大生态的修辞学研究，可以在更开阔的学术视野和思想空间产生问题意识，推助问题驱动的学术研究”，“引导研究主体跟踪相关学科前沿态势，有助于注入创新动能，与学科内在驱动能量产生合力，推动修辞学研究与相关学科的智性眼光相互注视，也推动大生态中的相关学科共同发展”。[③] 这一认识已经并将继续在修辞研究实践中得到印证落实。

有学者[④]曾针对中国修辞研究现状，一次性集中提出了 50 个相关问题，有理论问题也有应用问题，有老问题也有新问题，有旧话题的延伸也有新课题的发现，其中不少是业已引发关注和研究的问题。问题如此之“多”，既反映了修辞研究所面临的空前机遇和艰难挑战，也昭示着修辞学者问题意识的明显增强。

而问题意识增强收获的直接红利便是对更多新问题的发现和直面问题的新探索，问题涵盖理论修辞、应用修辞的不同层级、侧面和环节。问题查找和对策搜寻，引领、驱动了修辞研究在观念、理论、范式和方法等多

---

① 本文得到国家社科基金项目“唐诗修辞史研究”（项目编号：15XYY013）资助。

② 作者简介：段曹林，文学博士，海南师范大学文学院教授、博士生导师，主要研究方向为汉语修辞学和应用语言学。

③ 谭学纯．融入大生态：问题驱动的中国修辞学科观察及发展思路［J］．山东大学学报（哲学社会科学版），2013（6）：128.

④ 胡范铸．理论与现象：当代修辞学研究的五十个问题：上、下［J］．当代修辞学，2016（2－3）．

方面创新的联动，催生着中国修辞研究新的理论活力及应用生机。

一、修辞观念的更新

如果说20世纪末，中国修辞学界还处在讨论接受是否修辞、尝试理解各种新修辞观、质疑美国新修辞学派修辞观的阶段，而新世纪则真正步入了狭义广义修辞观并存、不同视角修辞观兼容的时期。尤为可贵的是，坚持不同修辞观的学者都分别从各自的立场出发，努力构建全新的理论体系和研究范式。

修辞观有狭义和广义之分。传统修辞学一般把修辞看作言语表达，而把言语接受排除在外。广义修辞观则将修辞扩大到整个言语交际，乃至扩大到言语之外的其他信息行为，甚至不局限于信息行为。

对于广义狭义的实际认定，也表现出某些差异。高万云①曾概括了三个角度的“广狭之分”：一是从修辞之阶段看，狭义修辞是指高效表达，而广义修辞则既指高效表达，也指高效接受。二是从修辞之功能看，狭义的修辞指说服的手段，而广义的修辞则既指说服的手段，也指表现的技巧。因为说服重在影响受众，而表现重在解译创造现实。三是从所修之“辞”看，狭义修辞指高效语言行为，而广义修辞则是指高效符号行为。特别说明，这里所附加的限制语“高效”，并不被普遍认同。也有不少人主张无论成败、得失，是否“高效”，均可为修辞。

对于这三种“广狭之分”，高万云②的取向具有一定代表性：前两项取广义，第三项则取狭义。谭学纯、朱玲则持另一种广义修辞观，将修辞界定为“言语交际双方共同创造最佳交际效果的审美活动”，即横跨修辞技巧、修辞诗学、修辞哲学“三个层面”的表达和接受双向互动的审美行为③。而在张宗正看来，广义修辞不仅是言语活动及其结果，“而且是指人们利用各种可以表现可以感知的手段，使修辞思维外化、固化的过程以及最终形成的各种物质表现形式”④。受后现代主义思潮影响，也有学者主张将修辞的外延扩大到一切信息行为，新近出现的冠以电影修辞、电视修辞、视觉修辞、建筑修辞等一类名目的论著，多持这一类型的广义或泛化修辞观。

除了广义修辞观，基于其他认知视角的新修辞观也相继呈现，成为引

① 高万云．中国文学的修辞批评［J］．福建师范大学学报（哲学社会科学版），2004（5）．

② 高万云．中国文学的修辞批评［J］．福建师范大学学报（哲学社会科学版），2004（5）．

③ 谭学纯，朱玲．广义修辞学［M］．合肥：安徽教育出版社，2001：97．

④ 张宗正．理论修辞学：宏观视野下的大修辞学［M］．北京：中国社会科学出版社，2004：44．

领新世纪修辞研究发展的强劲动力。如傅惠钧[①]主张“大语言修辞观”，将修辞视为包括语言和言语在内的言语活动；胡范铸[②]则提出新言语行为修辞观。此外，认知修辞观、话语修辞观、语篇修辞观、叙事修辞观、信息修辞观、传播修辞观、转化修辞观、结构主义修辞观、功能主义修辞观等，也有所反映。新观念带来了新成果，论文不胜枚举，比较重要的专著作者有基于认知修辞观的刘大为[③]、基于结构主义修辞观的李胜梅[④]、基于话语修辞观的李军[⑤]，以及基于叙事语用修辞观的张春泉[⑥]、基于转化修辞观的孟建安[⑦]等。

二、修辞理论的新创

问题意识的驱动也激活了修辞研究的理论创新。不但多个广义修辞学的理论体系得以构建，狭义修辞学的理论体系也取得了新的突破，基于其他修辞观和问题导向的理论学说也有所建树。

从20世纪末以来大力倡行广义修辞观的学者不在少数，而将其发展成理论体系的主要有谭学纯、朱玲、张宗正等人。谭学纯、朱玲《广义修辞学》在提出“接受修辞学”理论体系的基础上，率先提出了两个修辞主体在三个层面展开双向互动的“广义修辞学”理论框架，并在此后出版的《修辞研究：走出技巧论》《广义修辞学演讲录》《文学和语言：广义修辞学的学术空间》《问题驱动的广义修辞论》等系列论著中从理论和应用方面进一步完善，使之趋向成熟。张宗正《理论修辞学：宏观视野下的大修辞学》则尝试建立了一个不一样的广义修辞学理论体系，整体呈现对于修辞主体、修辞语境、修辞场域、修辞心理机制、修辞手段、修辞效果、修辞评价等问题的新认识，对修辞能力、修辞本质等相关命题有深入论述。

也有一批学者坚守在狭义修辞学领域，但在修辞观和研究视野、研究方法上，则持更为包容和开放的态度。胡习之《核心修辞学》可为代表。

---

① 傅惠钧．大语言修辞观：修辞学学科属性及研究对象的思考［J］．浙江师范大学学报（社会科学版），2017（3）．

② 胡范铸．幽默语言、谎言、法律语言、机构形象修辞、实验修辞学……研究的逻辑起点——基于“新言语行为分析”的思考［J］．华东师范大学学报（哲学社会科学版），2015（6）．

③ 刘大为．比喻、近喻与自喻——辞格的认知性研究［M］．上海：上海教育出版社，2001.

④ 李胜梅．修辞结构成分与语篇结构类型［M］．北京：中国社会科学出版社，文化艺术出版社。2006.

⑤ 李军．话语修辞理论与实践［M］．上海：上海外国语大学出版社，2008.

⑥ 张春泉．叙事对话与语用逻辑［M］．北京：中国社会科学出版社，2011.

⑦ 孟建安．汉语修辞转化论［M］．广州：暨南大学出版社，2013.

核心修辞学“是在传统修辞学基础上发展起来的现代修辞学。它既研究修辞文本，也研究修辞行为；既研究语篇修辞，也研究会话修辞”[①]。该著将修辞界定为“语言表达的优化设计行为”[②]，“拿来”行为、话语、语篇、会话、传播、语域、认知等相关学科的术语和理论成果，重构了修辞原则、修辞策略、修辞方法、修辞模式、修辞分析等的新体系，特别是对辞格、辞趣、辞规、辞风的系统发掘和梳理，发展了陈望道、吴士文等前辈所开创的两大分野修辞手法体系。

（1）修辞哲学理论。内容与形式的关系问题是一个古老的哲学命题。曹德和[③]从修辞学角度系统描述和阐发了内容与形式能否区分、缘何区分、何以区分、彼此互动等中心问题，从而贡献了关于该命题的新智慧。谭学纯从人认知世界存在概念路径和修辞路径，修辞认知具有双重性（发现和遮蔽），人通过语言更有效地证明自己、走近他人等多方论述，提出了一个全新论断：“人是语言的动物，更是修辞的动物。”[④] 而其《人与人的对话》更是“构筑了一个人与人对话的修辞哲学体系”[⑤]。不少学者关于“修辞立其诚”的反思和新见，则丰富深化了这一古老修辞命题的意涵。

（2）修辞接受或接受修辞理论。继20世纪末谭学纯等[⑥]提出接受修辞学及其理论体系之后，赵毅[⑦]吸纳主要源自异域的多学科资源，从认知心理学、功能语言学、解释学、接受美学、语用学等多学科视角对接受要素、接受过程、接受失误等修辞接受的核心问题作了新的阐发。张春泉[⑧]则运用心理学理论和方法，将修辞重新界定为“人与人的一种广义的对话”，通过问卷调查和案例剖析，以实证方式探究了修辞表达与接受心理的互动关系。

（3）修辞教育和教学研究。修辞教学的缺位或缺陷，尤其是对外汉语修辞教学和中学语文修辞教学实际重视不足、效果不理想的现状及其对策问题，引发了众多的关注目光。汪国胜[⑨]以调研为基础，重新明确了中学

---

① 胡习之．核心修辞学［M］．北京：中国社会科学出版社，2014：11.

② 胡习之．核心修辞学［M］．北京：中国社会科学出版社，2014：1.

③ 曹德和．内容与形式关系的修辞学思考［M］．上海：复旦大学出版社，2001.

④ 谭学纯．人是语言的动物，更是修辞的动物［J］．辽宁大学学报（哲学社会科学版），2002（5）.

⑤ 高万云．20世纪中国修辞学：下卷［M］．北京：中国人民大学出版社，2007：615.

⑥ 谭学纯，唐跃，朱玲．接受修辞学［M］．合肥：安徽教育出版社，2000.

⑦ 赵毅．修辞接受论［M］．济南：山东文艺出版社，2009.

⑧ 张春泉．论接受心理与修辞表达［M］．北京：中国社会科学出版社，2007.

⑨ 汪国胜．修辞教学的目标定位［M］．华中师范大学学报（人文社会科学版），2010（2）.

修辞教学的目标定位，涉及修辞观、修辞素养和修辞能力等。袁毓林等①立足实践，展示了关于大学修辞学教材编写和教学工作的一种新思路。谭学纯②则独具慧眼地指出，语言教育的修辞缺失所匮乏的，不仅仅是狭义修辞学意义上的知识点，更是一种修辞教育理念：正视和应对中华民族擅长悟性思维和诗性表达的修辞传统和文化事实。

（4）辞格研究。进入新世纪，张炼强③率先引入符号学、认知学相关理论对转类辞格的认知框架和认知过程加以描写和解释，开辟了辞格认知研究的新路径。刘大为④在检讨传统修辞学对辞格的态度和研究方法之后，提出“认知性辞格”这一概念，将其分别归入比喻、近喻和自喻三大类别，依次分析各自的认知结构、语言结构、创造心理及其呼应关系，以此创建解释性的辞格研究新体系。李晗蕾⑤运用零度—偏离理论建立了一个融语言意义和认知意义于一体的汉语广义辞格系统，并对辞格语义的生成机制和解释机制作了新的阐发。谭学纯等⑥以新辞典的形式对现有辞格研究成果进行了系统的甄别、整理、总结、完善和深化。

三、研究范式的革新

（1）广义修辞学研究范式。这一范式“吸纳同类研究智慧，同时避免重复性研究”，依据广义修辞学“三个层面，两个主体”的解释框架，侧重从广义修辞学视野解释语用环境中的语义变异，考察概念化的世界如何进入修辞化的“编码—解码”秩序，以此探讨修辞参与话语建构、文本建构和主体建构的方式⑦。

（2）言语行为研究范式。胡范铸⑧主张整合修辞学和语用学，建立基于言语行为分析的语言运用研究。这一范式的操作路径大致分为这几个步骤：面对一种话语，首先，确定行为类型，寻找其规定性要素；其次，寻

① 袁毓林，李新良．当前修辞学教学的若干问题［J］．当代修辞学，2016（4）；北京大学中文系现代汉语教研室．现代汉语［M］．增订本．北京：商务印书馆，2012.

② 谭学纯．问题驱动的广义修辞论［M］．北京：人民出版社，2016.

③ 张炼强．修辞现象的认知考察（之一）——从象似性和激活看名词活用为动词［C］//刘利民，周建设．语言：第2卷．北京：首都师范大学出版社，2001.

④ 刘大为．比喻、近喻与自喻——辞格的认知性研究［M］．上海：上海教育出版社，2001.

⑤ 李晗蕾．辞格学新论［M］．哈尔滨：黑龙江人民出版社，2004.

⑥ 谭学纯，濮侃，沈孟璎．汉语修辞格大辞典［M］．上海：上海辞书出版社，2010.

⑦ 谭学纯．融入大生态：中国修辞学研究突围十年回顾与反思——基于广义修辞观的学术逻辑和学术实践［J］．当代修辞学，2014（2）．

⑧ 胡范铸．汉语修辞学与语用学整合的需要、困难与途径［J］．福建师范大学学报（哲学社会科学版），2004（6）．

找其构成性要素，在理解其构成性规则的基础上寻找其种种策略性规则；最后，探寻与这两类规则相应的语言材料上的可能性。在此基础上，进一步构建基于“新言语行为分析”的修辞学理论模型，重新定义修辞学，确立了修辞学研究的根本目标、基本问题和核心概念，并提出一系列工具性范畴和重要理论命题。

（3）实证性研究范式。实证性研究范式将修辞认识建立在现实修辞行为的经验事实基础之上，通过对原始数据和素材的科学处理，获取关于话语内容选择、修辞策略确定、修辞效果评估、修辞规律等的一般结论。“这种实证性研究有两种形态，一是建立在语料库基础上的修辞文本研究；二是以真实数据为素材的社会修辞行为研究。现实性、客观性、可操作性是实证性修辞研究的基础特点。”①

（4）修辞主体间性理论范式。这一范式最早由谭学纯、朱玲从巴赫金、哈贝马斯所强调的“主体间性体现在修辞活动中即表达者和接受者的双向互动关系”② 引入国内修辞学研究。鹿晓燕、高万云认为“修辞主体间性就是修辞行为各方以沟通为主要目的的认识的同一性和规范的有效性”③，并就其研究范式作了阐述。赵培玲④将主体间性修辞理论定位在主要探索修辞活动两个主体之间主体间性关系的建构和重构。

（5）语篇的互文性分析。互文性理论引入修辞学，并在语篇分析、辞格研究等领域得到了成功应用。辛斌等⑤将西方的互文性理论引入语篇分析，考察互文材料在特定语篇中的语义功能、结合方式、和谐程度，不仅指出语篇内互文性的表现特征，并且揭示语篇互文性结构背后隐藏的意识形态意义和社会权力关系。祝克懿⑥则倡导“互文语篇理论”研究，指出互文语篇结构认知的三个维度：宏观认知维度、动态认知维度与多元认知维度，互文语篇研究的三大理论支柱：系统功能理论、函数关系理论与空间层级理论。郑庆君⑦着眼于互文性与汉语修辞格在语言层面的共有特征，提出了互文性特征与部分汉语修辞格的对应关系假设，并以仿拟为例作了验证。

---

① 曾毅平，杜宝莲．修辞学实证研究的意义与方法［J］．修辞学习，2004（3）．

② 谭学纯，朱玲．广义修辞学［M］．合肥：安徽教育出版社，2001：468．

③ 鹿晓燕，高万云．修辞主体间性理论的两个基本问题［J］．当代修辞学，2016（1）．

④ 赵培玲．主体间性修辞理论构建［J］．中南大学学报（社会科学版），2017（1）．

⑤ 辛斌，赖彦．语篇互文性分析的理论与方法［J］．当代修辞学，2010（3）．

⑥ 祝克懿．互文：语篇研究的新论域［J］．当代修辞学，2010（5）．

⑦ 郑庆君．互文性理论与汉语修辞格的关系探析——以汉语仿拟修辞格为例［J］．当代修辞学，2011（3）．

（6）修辞构式理论范式。刘大为①提出修辞构式这一概念，跟语法构式形成连续统，用于指称所有带有不可推导性且没有完全在构式中语法化的构式，并借鉴构式语法的研究方法，从构式的整合和构式义的引申两个方面研究了修辞构式的形成。陆俭明②从语法构式到修辞构式再到语法构式演变发展的具体表现中，探讨了构式语法理论在分析不断出现的“修辞构式”中的应用问题。

四、研究方法的新变

（1）“多维观照”法。学科的多边性特质，规定了修辞研究宜多采取多视角、多方位、多层次的研究方法。高万云③从多学科视角对文学修辞的语言变异、逻辑理据、民族特质、个性特征、心理机制、审美追求、修辞意识、游戏旨趣、文体表现、哲学思考等进行“交叉透视、多维观照”。方法的成功运用有力地顺应并印证了这样的文学修辞观：一种具有情理美三维、意义意思两面的话语形式；心理场、语言场、文化场和审美场交互作用下的智慧性运作。与之类似，谭学纯④也在现有研究模式的基础上，提出、阐发并在实践中成功运用了一种多维研究模式：基于语言学—文学学科经验、兼及修辞技巧/修辞诗学的研究模式。这一模式在理论资源和研究方法上，兼容语言学—文艺学理论资源，综合运用已有的修辞技巧研究模式和修辞诗学研究模式的研究方法，注重文献梳理、比较观察、形式验证、规则提取及文学现象、文学思潮、文学史的整体把握，微观分析和宏观审视并重。

（2）结构分析方法。这一方法已经在语言学本体研究中获得了成功，在修辞研究中也得到了一定的运用，并显示了较大的潜在开发空间。李胜梅⑤将其基本操作总结为：解析修辞现象的结构成分，描写各成分的特点、各成分之间的各种联系、各成分的组合模式，分析各结构体的表意特点、生成过程、阅读方式、修辞功能、运用范围、语体特征等，并将不同层面的修辞现象、将结构描写和语义分析以及功能解释有机统一起来。

---

① 刘大为．从语法构式到修辞构式：上、下［J］．当代修辞学，2010（3－4）．

② 陆俭明．从语法构式到修辞构式再到语法构式［J］．当代修辞学，2016（1）．

③ 高万云．文学语言的多维视野［M］．济南：山东文艺出版社，2001.

④ 谭学纯．文学修辞研究：文学与语言学互为观照［N］．中国社会科学报，2012－08－06（A07）．

⑤ 李胜梅．修辞现象的结构分析方法［J］．阜阳师范学院学报（社会科学版），2003（6）．

（3）关键词修辞义素分析法。谭学纯[①]成功运用了这一方法，并对其操作路径作了总结：选择广义修辞学“话语建构—文本建构—人的精神建构”的阐释路径，从作品中挑出几组可以解释文本世界和人的精神世界的关键词，进入阅读体验。依据关键词的义素分析评价全文的修辞设计，分析文本修辞的成败得失。

（4）义素分析法。无独有偶，刘大为[②]在研究辞格的认知性时也采用了义素分析法（语义特征分析法）。不但用于分析词的内涵特征，而且创造性地将其扩展到分析词的外延特征，将语义特征进一步区分为必有特征、可能特征、不可能特征，从而成功地将这一方法移植到了修辞学领域。

（5）“实验修辞学”研究方法。胡范铸[③]指出，这一方法泛指在修辞行为研究中所运用的调查、测试、计量、建模等自然科学、心理科学的方法。如针对网络时代修辞接受的海量、巨量特征，已采用的实验方法有目标词词频统计法、目标词共现分析法受关注度、目标词前三网页研究法、目标词自由联想测试法、目标词引文分析法等，分别用于分析话语的受关注度、话题价值、有效存在、观念结构、主体或命题的信赖度等。

五、学科话语的出新

作为学科研究成果的承载和表达形式，新世纪中国修辞学学科话语的出新是在顺应、反映学科发展和学术创新的过程中发生的。主要表现在两个大的方面：一是学科概念术语的新创、新用和新辨；二是话语结构形式的新增和完善。

概念术语是构成学术话语体系的基本因子，也是成果呈现和学术对话的关键要素。“新世纪以来，不少论者使用、阐释、辨析了中国修辞学科的概念术语”[④]，新概念术语的引进、创制，已有概念术语的新用、重新界定和辨析，充实、丰富、完善、更新了修辞学的话语体系。

对于修辞学学科的观察和思考，催生了一批关于学科认知、评价和建

---

① 谭学纯．巴金《小狗包弟》：关键词修辞义素分析和文本解读——兼谈文学修辞研究方法［J］．华东师范大学学报（哲学社会科学版），2007（5）．

② 刘大为．比喻、近喻与自喻——辞格的认知性研究［M］．上海：上海教育出版社，2001.

③ 胡范铸．幽默语言、谎言、法律语言、机构形象修辞、实验修辞学……研究的逻辑起点——基于“新言语行为分析”的思考［J］．华东师范大学学报（哲学社会科学版），2015（6）．

④ 张春泉．新世纪中国修辞学科概念术语研究综论［J］．福建师范大学学报（哲学社会科学版），2017（2）：107.

设的“元话语型”① 概念术语。谭学纯在这方面用力最勤，在其相关系列论文和《问题驱动的广义修辞论》等专著中，提出、借入、诠释了“学科突围、学科大生态、学术生态、学术空间、理论资源、全球视野、修辞学大视野”等诸多此类术语。曹德和在介入有关修辞学科的多个焦点讨论时，为了正本清源，澄清模糊认识，对“交叉学科/边缘学科/综合学科”“语言的语言学/言语的语言学”等多组邻近术语作了辨析，并提出学科研究“对象”的“目标对象/资源对象”等下位概念术语②。

学术研究新的认识和进展，是“对象话语型”概念术语产生的动因和源泉。这类术语的新创和新用，是表达新观念，概括、表述新理论、新范式、新方法的必然产物，在前面各节中已经多有涉及。首先，对修辞学术语创新而言有着特殊意义的是，对学科核心术语的重新界定、新旧辨析。如郑远汉③关于“语言义”和“话语义”“模糊语言”和“模糊言语”等多组概念的辨析，胡习之④对“修辞文本”“修辞分析”的界定等。其次，在某种程度上可作为修辞研究创新性突出标志的是，新的高频术语产生辐射效应。诸如广义修辞、接受修辞、修辞构式、新言语行为、主体间性、互文性、认知性等术语被广为采用，所指称的新论题和论域也成为学界的关注热点；其中某些术语不但对修辞学界产生了深刻影响，而且也给其他领域带来了良性效应，如谭学纯⑤提出并作了严格辨析和阐发的“修辞幻象”这一术语。

话语结构形式的新增或完善，一方面反映了研究本身的深入和细化，另一方面则跟研究模式的拓展、转变直接相关。

前者主要表现在“连续术语”在特定论域出现，彼此支持，构建创新性的话语体系。这些话语体系所传达的是观点学说的新建或重构。如谭学纯等⑥的广义修辞学理论表述体系起步于“修辞功能”“修辞技巧”“修辞诗学”“修辞哲学”“修辞话语”“修辞接受”“修辞认知”“修辞策略”

---

① 此处的“元话语型”术语和下文的“连续术语”的界定，请参阅张春泉．新世纪中国修辞学科概念术语研究综论［J］．福建师范大学学报（哲学社会科学版），2017（2）．

② 曹德和．修辞学是否属于言语语言学的大讨论［J］．新疆大学学报，2006（2）；曹德和．修辞学是否属于边缘学科讨论述评［J］．毕节师范高等专科学校学报，2002（3）．

③ 郑远汉．论话语义同语言义的联系和区别［J］．福建师范大学学报（哲学社会科学版），2008（4）；郑远汉．模糊语言和模糊言语［J］．长江学术，2014（3）．

④ 胡习之．修辞分析论［J］．江汉大学学报，2007（1）．

⑤ 谭学纯．修辞幻象及一组跨学科相关术语辨［J］．安徽大学学报（人文社会科学版），2005（4）．

⑥ 谭学纯，朱玲．广义修辞学［M］．合肥：安徽教育出版社，2001．

等连续术语的新创和新用；张春泉[①]关于修辞心理的新认识则围绕“修辞心理”“接受心理”“动因”“对话”等的重新定义展开。此外，张宗正[②]对于“大修辞学”、胡习之[③]对于“核心修辞学”，以及其他各种有建树的理论，无一不借助一套创新性的“连续术语”为节点编织而成。

后者主要表现在基于修辞研究精密化、科学化等目标追求的论证模式或研究范式带来的表述形式更新。一是在研究中的假设—实证模式中，来自实验数据或调查统计的描述增加了，源自语料库或数据库的调研成为重要的验证依据，论述结构也有所不同，符号、公式、逻辑演算、图表等形式加入了自然语言话语系统，成为有机组成部分；二是基于对基础概念作严格定义和科学分类基础上的命题、推理（论证）模式成为常规的理论学说建构方式，不仅有定性或演绎的说明，更有定量或归纳的证明，虽然有所侧重，但定性和定量、归纳和演绎相结合的论证模式开始成为修辞研究学术话语结构追求的“标配”。

新世纪以来中国修辞研究的创新性毋庸置疑，总体的创新态势应予充分肯定，所取得的创新性成果是全方位的，如果将本文的论列结构更换一下，参照陈新仁[④]所总结的学术创新十四个方面的表现或标准，同样可以一一得到验证。

创新是学科的生命。中国修辞学研究进一步的创新，应当继续增强问题意识，开阔学术视野，主动融入学科大生态，以持续创新焕发、增长修辞学研究的理论活力及应用生机；应当继续坚持多元化研究格局，深耕广义修辞学，引进、继承、原创并举，构建、完善基于多元修辞观的理论体系和研究范式。与此同时，密切关注修辞应用，在应用研究中探索、检验、发展既有的理论学说，拓展、强化修辞研究应有的社会功能和社会影响。

参考文献

1. 曹德和．内容与形式关系的修辞学思考［M］．上海：复旦大学出版社，2001.

2. 谭学纯，朱玲．广义修辞学［M］．合肥：安徽教育出版社，2001.

3. 张宗正．理论修辞学：宏观视野下的大修辞学［M］．北京：中国社会科学出版社，2004.

---

① 张春泉．论接受心理与修辞表达［M］．北京：中国社会科学出版社，2007；张春泉．叙事对话与语用逻辑［M］．北京：中国社会科学出版社，2011.

② 张宗正．理论修辞学：宏观视野下的大修辞学［M］．北京：中国社会科学出版社，2004.

③ 胡习之．核心修辞学［M］．北京：中国社会科学出版社，2014.

④ 陈新仁．语用学研究：学术创新与文本呈现［J］．福建师范大学学报（哲学社会科学版），2017（2）．

4. 李胜梅．修辞结构成分与语篇结构类型［M］．北京：中国社会科学出版社，文化艺术出版社，2006.

5. 高万云．20世纪中国修辞学：下卷［M］．北京：中国人民大学出版社，2007.

6. 罗渊．中国修辞学研究转型论纲［M］．北京：中国社会科学出版社，2008.

7. 赵毅．修辞接受论［M］．济南：山东文艺出版社，2009.

8. 张春泉．叙事对话与语用逻辑［M］．北京：中国社会科学出版社，2011.

9. 孟建安．汉语修辞转化论［M］．广州：暨南大学出版社，2013.

10. 胡习之．核心修辞学［M］．北京：中国社会科学出版社，2014.

11. 高万云．中国文学的修辞批评［J］．福建师范大学学报（哲学社会科学版），2004（5）.

12. 郑远汉．论话语义同语言义的联系和区别［J］．福建师范大学学报（哲学社会科学版），2008（4）.

13. 刘大为．从语法构式到修辞构式：上、下［J］．当代修辞学，2010（3－4）.

14. 段曹林．新世纪以来中国修辞学科建设和发展研究综论［J］．福建师范大学学报（哲学社会科学版），2015（1）.

On the Innovation of Chinese Rhetoric Research in the New Century

Duan Caolin

(*College of Liberal Arts*, *Hainan Normal University*, *Haikou*, 571158)

Abstract: The innovation of rhetoric research in China in the new century mainly comes from the drive of problem consciousness and the active integration of the subject ecology. Ideas, theories, paradigms, methods, discourse and other aspects of innovation are related to each other, forming interaction, resulting in the emergence of a broad sense of rhetoric represented by the diversification of the new landscape, the general trend. Innovation is manifested in the theoretical vitality and application vitality of self－creation, transplantation, grafting and other research behaviors.

Key Words: new century; rhetoric research in China; innovativeness; linkage; diversification

政治修辞学研究

刘基《卖柑者言》的政治修辞学分析①

谢元春[1] 吴礼权[2]②
（1. 湖南师范大学国际汉语文化学院 长沙 410006；
2. 复旦大学中文系 上海 200433）

摘 要：刘基的《卖柑者言》是一篇寓言，但是它的创作目的不是给读者讲故事，娱乐读者或是跟人讲道理。而是通过寓言中虚拟的人物跟顾客之间的对话，将文章所要表达的反对元朝腐朽统治的主旨思想清楚地呈现出来，使读者对于元末黑暗的政治现实有一个清醒的认识，从而为推翻元朝腐朽统治制造舆论。从政治修辞学的视角看，这则寓言是一个以讽喻手法建构的政治修辞文本，借故事中的人物卖柑者的嘴为作者代言，将元末官场黑暗、吏治腐败的现状作了淋漓尽致的展示，表意含蓄深沉，却耐人寻味，促人反省，是一个成功的政治修辞范本。

关键词：刘基；卖柑者言；政治修辞；原则；修辞技巧

一

众所周知，人是社会动物，“是社会的人，不是孤立存在于世界上的。任何一个人要想生存于世界上，都必须融入社会，与他人打交道。事实上，任何人都是社会的一分子，从生到死，都离不开社会。因此，为了融入社会，就必须与人沟通交流。唯有沟通交流，个人才能获得相关资讯，获得他人的帮助，与他人展开协同行动，由此推动事业发展，社会进步，获得人生幸福”③。那么，如何实现与他人进行沟通与交流的目标呢？从人类的社会实践来看，无非有三种方式：一是通过肢体动作，包括手势、眼神、身体部位的移动；二是借助某种事物标记，如原始社会的结绳记事、刻画符号等；三是语言（包括记录语言的符号体系——文字）。事实证明，前两种方式都有致命的缺陷，就是表义不具有确定性，难以胜任人类复杂

---

① 本文为上海高校高峰高原学科建设基金资助项目“政治修辞学”之阶段性成果。

② 作者简介：谢元春，复旦大学文学博士，湖南师范大学国际汉语文化学院讲师，主要研究修辞学与汉语方言学。吴礼权，复旦大学中国语言文学研究所教授、博士生导师，日本京都外国语大学客员教授，中国台湾东吴大学客座教授，湖北省政府特聘“楚天学者”讲座教授，中国修辞学会会长，研究方向为修辞学、语言学理论及中国古典文学。

③ 吴礼权．言语交际与人际沟通［M］．2版．广州：暨南大学出版社，2016：1.

的交流与沟通任务。所以，人类的交流沟通最直接、最有效的方式“恐怕还是语言（包括记录语言的符号体系——文字）”①，因为“语言是人类最重要的交际工具”②。不过，需要指出的是，跟其他方式的沟通交流一样，以语言为工具进行的人际沟通交流，亦即言语交际，也有一个有效性的问题。如何保证与他人的交流沟通具有成效，也就是能够顺利实现预期的交际目标，是需要表达者（说写者）在语言文字上经营努力的。这种语言文字经营上的努力，就是我们学术上所说的“修辞”。

可以说，修辞是人类语言表达中最普遍的一种语言现象。之所以如此，是因为只要是一个正常的人，他开口说话或是提笔写作，都会情不自禁地产生一种想把话说好、把文章写好的情感冲动。正因为这种主观上的情感冲动，他必然会在语言文字表达上进行经营努力，也就是在修辞上有一番作为。不过，修辞一般可以分为两类：一是“日常修辞”，二是“政治修辞”。③ 所谓“日常修辞”，是指“在日常生活中，作为自然人的交际者，为了达到其预期的交际目标，往往都会考虑说写表达的效果。为了取得尽可能好的表达效果，交际者都会在修辞上用心，讲究表达的技巧，这就是‘日常修辞’”④。所谓“政治修辞”，是指政治人（即普通人身份的“自然人”相对的一个概念，一般包括有特定政治身份的“职业政治人”与在特定政治情境下被临时赋予政治人身份的“角色政治人”两类）在政治生活中，适应特定的题旨与政治情境，为实现达意传情效果最大化而在语言文字表达上进行的一番经营努力。尽管“日常修辞”与“政治修辞”在所要实现的预期交际目标上有所不同，但都会为了实现其达意传情效果的最大化而在语言文字表达上有所经营努力，这是不变的。不过，应该指出的是，“跟自然人的‘日常修辞’不同，政治人的‘政治修辞’在选择修辞手法建构相应的修辞文本时更要注意使目标预期与文本接受的实际效果趋于一同，从而发挥出政治修辞的最大效益。因为政治修辞的效果好坏，不仅跟表达者的前途命运密切相关，还跟国计民生、政权存亡、国家形象等密切相关”⑤。正因为如此，自古以来的政治人在建构政治修辞文本时都是非常谨慎的，其在语言文字上的经营努力会倾注更多的心血。关于这一点，早在两千多年前孔子就曾提及。如《论语·宪问》记载孔子说过这样的话：“为命，裨谌草创之，世叔讨论之，行人子羽修饰之，东里子

① 吴礼权．言语交际与人际沟通［M］．2版．广州：暨南大学出版社，2016：1.
② 胡裕树．现代汉语［M］．重订本．上海：上海教育出版社，2011：2.
③ 吴礼权．政治修辞与比喻文本建构［J］．阜阳师范大学学报（社会科学版），2020（3）：35.
④ 吴礼权．政治修辞与比喻文本建构［J］．阜阳师范大学学报（社会科学版），2020（3）：35.
⑤ 吴礼权．政治修辞与比喻文本建构［J］．阜阳师范大学学报（社会科学版），2020（3）：35.

产润色之”（译成现代汉语就是：郑国外交公文的写作，先由裨谌起草，然后由世叔提出修改意见，再经外交家子羽进行修改，最后由东里子产加工润色定稿）。孔子举的这个例子，说的是春秋时代郑国的外交公文写作的情况。外交公文涉及政治问题，属于政治修辞，所以郑国政治圈的顶级修辞专家都参与其中，最终定稿是由子产（即公孙侨、公孙成子，郑国最著名的政治家，曾为郑国执政）亲自把关。可见，中国古人对于政治修辞是非常重视的。西汉大儒董仲舒也提出过政治修辞需要谨慎的观点，在《春秋繁露·楚庄王》中他说过这样一段话：“义不讪上，智不危身。故远者以义讳，近者以智畏。畏与义兼，则世逾近而言逾谨矣。此定哀之所以微其辞。以故用则天下平，不用则安其身，《春秋》之道也。”可见，在董仲舒看来，“《春秋》‘为辞之术’，其最大的成功之处就在于‘不讪上’‘不危身’的‘微其辞’笔法，认为这种笔法（即委婉修辞法）有‘用则天下平，不用则安其身’的独特魅力”①。仔细体会一下董仲舒对孔子修《春秋》的政治修辞的这番评价，我们便能发现其对政治修辞的基本观点。西汉著名历史学家刘向对于政治修辞也提出过明确的见解，其在所著《说苑·善说》中说过这样一段话：“子贡曰：‘出言陈辞，身之得失，国之安危也。’诗云：‘辞之绎矣，民之莫矣。’夫辞者，人之所以自通也。主父偃曰：‘人而无辞，安所用之。’昔子产修其辞，而赵武致其敬；王孙满明其言，而楚庄以惭；苏秦行其说，而六国以安；蒯通陈说，而身得以全。夫辞者乃所以尊君、重身、安国、全性者也。故辞不可不修，而说不可不善。”刘向这番引经据典的宏论，究其本质也是在强调政治修辞的重要性，需要谨慎为之。只是他在强调政治修辞的重要性时，将其作用进行了夸大。这可能是缘于其历史学家的身份，相比一般政治人物对于先秦时代善于言辞在政治上的巨大作用看得更清楚。因此，“在总结先秦及汉初许多社会活动家因精于言辞而获致的巨大成功的经验时，便情不自禁地将修辞的作用大大夸大了”②。但是，刘向认为政治修辞可以发挥“尊君、重身、安国、全性”的作用，则完全不是夸张，而是有历史依据的，是他作为一个历史学家从历史的经验中概括总结出来的结论。

本文所要分析的政治修辞文本《卖柑者言》，其作者刘基（1311—1375，字伯温，浙江青田人），不仅是元末明初著名的文学家（以诗文见长），而且是一位博古通今的著名学者，精通天文、兵法、数理等诸多学问，更是一位具有远见卓识的杰出的政治家（元末辅佐朱元璋于乱世中取

① 吴礼权．中国修辞哲学史［M］．台北：台湾商务印书馆，1995：66.

② 吴礼权．中国修辞哲学史［M］．台北：台湾商务印书馆，1995：48.

天下，成为大明王朝的开国元勋，被明太祖称为“吾之子房”，爵封诚意伯），因此对于政治修辞的重要性，以及如何进行政治修辞文本建构，自然有独到的心得。历史的事实证明，刘基不仅是一位文学大家，而且是一位政治修辞的高手，即以他在元末所作一篇《卖柑者言》来看，就足以见出其高超的政治修辞智慧与高妙的政治修辞技巧。

二

《卖柑者言》虽然只是一篇仅三百一十三字的短文，却是中国文学史上的奇文，近千年来一直广为流传，始终被学术界视为中国古代散文的名篇。那么，这篇寥寥三百余字的寓言何以有如此独到的魅力，令千百年来的无数文人学士为之折服呢？我们不妨先来看看这篇《卖柑者言》原文，分析一下其全文的语义脉络与所表达的主旨内涵。

杭有卖果者，善藏柑，涉寒暑不溃。出之烨然，玉质而金色。置于市，贾十倍，人争鬻之。予贸得其一，剖之，如有烟扑口鼻，视其中，则干若败絮。

予怪而问之，曰：“若所市于人者，将以实笾豆、奉祭祀、供宾客乎？将炫外以惑愚瞽也？甚矣哉，为欺也！”

卖者笑曰：“吾业是有年矣，吾赖是以食吾躯。吾售之，人取之，未尝有言，而独不足子所乎？世之为欺者不寡矣，而独我也乎？吾子未之思也。今夫佩虎符、坐皋比者，洸洸乎干城之具也，果能授孙、吴之略耶？峨大冠、拖长绅者，昂昂乎庙堂之器也，果能建伊、皋之业耶？盗起而不知御，民困而不知救，吏奸而不知禁，法斁而不知理，坐糜廪粟而不知耻。观其坐高堂，骑大马，醉醇醴而饫肥鲜者，孰不巍巍乎可畏，赫赫乎可象也？又何往而不金玉其外，败絮其中也哉？今子是之不察，而以察吾柑！”

予默默无以应。退而思其言，类东方生滑稽之流。岂其愤世疾邪者耶？而托于柑以讽耶？（刘基《卖柑者言》，据《古文观止》版）

众所周知，刘基是元末明初的诗文大家，这篇《卖柑者言》虽以古文写作，但读来并无佶屈聱牙之感，而是别具一种简洁优雅、气韵生动、文势充沛之美。全文所写内容，若是转译成现代汉语，大致意思如下：

在杭州集市上，有一位售卖水果的商贩，特别擅长贮藏柑橘。他所贮藏的柑橘，经过一年都不会腐烂。无论什么季节拿出来，都是光鲜亮丽的，果皮光滑如玉，色泽如金。放在市场销售，价钱比别人高出十倍，买的人还要争抢。我买了一个，剖开后好像有一股烟味直扑口鼻。仔细一看，发现果肉干枯，就像一团破棉絮。

我感到非常奇怪，就质问那位卖柑橘者，说："你卖给别人的柑橘，是要人拿它装到祭祀的器皿里供奉祖先神灵、招待宾客呢，还是只用以炫耀其光鲜亮丽的外表而迷惑糊弄傻子和瞎子呢？太过分了呀！你这种欺诈行为。"

看到我无比愤怒的样子，卖柑橘者反倒笑了，说道："我做这买卖已经有些年头了，我就靠卖柑橘维持生计的。我卖柑橘，别人买柑橘，从未听到有人说什么，怎么就你一个人不满意而这么多闲话呢？这世上欺诈者不少，难道就我一个吗？您大概没有仔细想过这个问题吧。您何不睁开眼睛看看，现今这个世界上，那些佩带虎符、坐在虎皮椅上的大人们，看起来威风十足，俨然就是捍卫国家的将帅之才，事实上他们真的就有孙武、吴起的谋略吗？那些头戴高帽子、腰系长带子的大人们，看起来器宇轩昂，俨然就是朝廷重臣，事实上他们真的就能建立伊尹、皋陶那样不朽的功勋吗？盗贼蜂起而不知如何防控，民生艰困而不知如何救助，官吏为非作歹而不知如何禁止，法度败坏而不知如何整顿，白吃了国家的俸禄而不知羞耻。看看这些人，整天坐在高堂之上，骑着大马，喝着美酒，吃着鱼肉，哪一个看起来不是高不可攀，令人望之生畏的样子？哪一个看起来不是威风凛凛，让人顿生效法学习之心呢？其实，这些人又有哪一个不是外表好看似金玉，内里不堪如败絮呢？而今，这些您都看不清，却来根究我卖的柑橘。"

听了他的话，我顿时哑口无言，找不出一句话来回应。回来仔细想想这个卖柑橘者的话，感觉他就是汉代东方朔一类能言善辩、滑稽诙谐的人物。难道他原本就是一个愤世嫉俗、痛恨奸邪的正直之士？莫非他是有意要借卖柑橘来对这世情进行讥讽吗？

从上引原文与我们的译文可以清楚地看出，刘基的这篇《卖柑者言》所讲的杭州卖柑者的故事，其实并不是实有其事，而是作者根据自己所要表达的思想而精心编造的，属于一篇政治寓言。如果要对全文的内容作一个概括，其实就是一句话："元朝的官场黑暗至极，元朝的吏治腐败透顶。"很明显，这篇寓言不是讲故事娱乐读者的，也不是寓教于乐讲道理的，而是意在揭露元末朝廷政治的黑暗与吏治的腐败，为鼓动人民起而推翻元朝腐朽统治制造舆论，属于典型的政治修辞文本。

从内容上分析，《卖柑者言》全文在逻辑语义上可以分为四个部分。第一部分从全文开头到“视其中，则干若败絮”，通过“予”（虚构的买柑者）在杭州市场的亲眼所见，揭露了卖柑者欺诈消费者的伎俩。第二部分从“予怪而问之”至“甚矣哉，为欺也”，是写“予”了解内情后对卖柑者欺诈消费者的不义之行进行愤怒的质问。第三部分从“卖者笑曰”至“而以察吾柑”，是写卖柑者对“予”的质问提出了言之凿凿的严正驳斥。第四部分从“予默默无以应”至全文结束，是写“予”被反驳后的省思。

从表面上看，这四个部分的安排是按照正常逻辑思维来进行的，似乎跟一般人的写作思路没有什么区别。其实不然，作者这样安排事实上是大有讲究的。第一部分写卖柑者作伪技巧之高，不是重点，也不是事实，而是要为第二部分“予”（虚构的买柑者，人间正义的化身）义愤填膺的质问作铺垫，突出强调“予”作为正人君子的正义感与道德感。而第二部分突出“予”的正义感与道德感，则是为第三部分卖柑者的反驳提供了参照系，通过卖柑者所售“贾十倍”之柑“金玉其外，败絮其中”的品质跟元朝官场人物的外强中干的形象进行对比，从而以小显大、以物衬人，突出强调元朝官场黑暗、吏治腐败的严重程度。第四部分写“予”之反思，则是寄沉痛于幽闲，寓深刻于平淡，因而格外耐人寻味，让人思虑深深。另外，从篇幅与字数的安排，我们也能见出《卖柑者言》创作的深刻用意。全文的第一、二、四部分，加起来一共是一百二十五字，第三部分借卖柑者之嘴揭露元朝官场黑暗、吏治腐败的文字则多达一百八十八字。由此可见，全文其他部分都是陪衬，第三部分才是所要表达的重点。这种以字数与篇幅来暗示全文表意重点的写作技法，既是一种高明的修辞策略，也是一种高明的政治智慧。因为它既实现了对元末官场黑暗、吏治腐败的政治现实予以无情揭露的预期目标，又巧妙地规避了在蒙元残酷统治的政治情境下因言获罪的政治风险。

三

《卖柑者言》作为一篇短小的政治寓言，之所以被传诵近千年，成为著名的政治修辞范本，读之令人时时为之警醒，其实是跟其政治修辞的建树分不开的。

从政治修辞学的视角来看，刘基的这篇寓言至少在如下两个方面是非常成功的，值得我们重视。

其一，作为一个政治人，刘基适应了元末特定的现实政治情境，很好地贯彻了“审时度势”[①] 的政治修辞原则，对元朝末年政治黑暗与吏治腐败的揭露没有采取直言批评的方式，而是以寓言的形式来呈现，通过编造一个卖柑者的故事，建构一个《卖柑者言》的讽喻政治修辞文本，既淋漓尽致地揭露了元末官场与吏治的腐败，使世人看清了元末社会政治的黑暗内幕，为推翻元末腐朽统治提供了政治理论上的有力依据，为元末全面爆发的农民大起义作了舆论上的准备，又巧妙地规避了中国古代政治人最常遭遇的因言获罪的政治危机，从而在元末乱世得以保全自身的安全，留得有用之身，最终在元末推翻腐朽统治的政治斗争中发挥了经天纬地的作用，为明王朝的建立立下了不世之功。元代统治者对汉族士大夫与读书人的迫害，其深重程度是中国历史上任何时代都不可比拟的，这是历史的事实，毋庸赘言。元朝末年，统治更加残酷，吏治更加腐败。在这样的现实政治情境下直言批评元朝统治者，揭露其政权的腐朽性，质疑其存在的合理性，无疑是自寻死路，不是一个成熟的政治人的明智选择。很明显，刘基作为一个政治人是非常成熟睿智的，他深谙“义不讪上，智不危身。故远者以义讳，近者以智畏。畏与义兼，则世逾近而言逾谨矣”[②] 的中国传统政治伦理与政治批评技巧，严格遵循现实政治情境下“审时度势”的政治修辞原则，以讽喻手法建构了一个《卖柑者言》的政治修辞文本，借虚拟的卖柑者之嘴为自己代言，痛快淋漓地揭露了元末政治的黑暗与吏治的腐败，含蓄婉约地表达了自己对现实政治的态度与吏治观。

其二，作为一个政治人，刘基在政治文本建构中创造性地运用了多种修辞技巧，大大提升了所建构的政治修辞文本的影响力。纵观《卖柑者言》全文，一共运用了讽喻、排比、设问、用典、比喻五种修辞手法。不过，这五种修辞手法的运用不是在一个逻辑层次，而是融会于不同逻辑层次之中，是一种创造性的融会式修辞手法运用模式。

第一个层次的修辞文本建构是讽喻，整个讽喻修辞文本是以全文形态呈现的。一般说来，讽喻修辞文本的建构有两种形式，一是“叙而后议”式，二是“叙而不议”式。[③] 前者是先临时编造一个故事，然后在故事结尾缀加一段评论的文字，将所讲故事的寓意作一个清楚的交代，以此提点接受者了解其所要表达的主旨，同时加深接受者的印象；后者是只讲故事

---

① 吴礼权．政治修辞与比喻文本建构［J］．阜阳师范大学学报（社会科学版），2020（3）：45.

② 董仲舒．春秋繁露·楚庄王．转引自吴礼权．中国修辞哲学史［M］．台北：台湾商务印书馆，1995：65.

③ 沈谦．文心雕龙与现代修辞学［M］．台北：台湾益智书局，1980：111－119.

而不发表评论，故事所要表达的寓意交由接受者自己解读。刘基《卖柑者言》从形式上看属于一个“叙而后议”式的讽喻修辞文本。全文开头的叙事（“杭有卖果者，善藏柑，涉寒暑不溃。出之烨然，玉质而金色。置于市，贾十倍，人争鬻之。予贸得其一，剖之，如有烟扑口鼻，视其中，则干若败絮”）和接下来买卖双方的对话（“予怪而问之，曰：……”与“卖者笑曰：……”）属于“叙”的部分，而全文结尾的一段（“予默默无以应。退而思其言，类东方生滑稽之流。岂其愤世疾邪者耶？而托于柑以讽耶?”）则属于“议”的部分。虽然“叙而不议”式的讽喻修辞文本建构并不是刘基的发明，早在先秦时代就被许多说客与政治人物广泛运用，如“狐假虎威”（《战国策·楚策一》）、“守株待兔”（《韩非子·五蠹》）、“刻舟求剑”（《吕氏春秋·察今》）等汉语成语，就是由先秦时代的相关讽喻修辞文本而来。但是，我们应该看到，先秦时代的讽喻修辞文本的建构，大多只占文章的一部分，主要是用于说理的。而刘基的《卖柑者言》则是独立成篇的，其文本建构是专门用以讽刺与揭露现实政治黑暗的（先秦散文中也有极少数的讽喻文本是用以讽刺的，如《孟子·离娄下》中“齐人有一妻一妾”一段），不是用以说理的。这是刘基作为政治人在运用讽喻手法建构修辞文本时的一种创新，是其政治修辞的智慧。因为这种前叙后议式的讽喻文本，不仅表达上生动形象，有引人入胜的接受效果，而且表意上显得婉转含蓄，有耐人寻味、发人深省的接受效果。因此，作为政治修辞文本来看，它所具有的政治价值就大大提升了，既达到了淋漓尽致地揭露元末政治黑暗、吏治腐败的政治目的，又规避了元末严酷险恶的现实政治情境下因言获罪的政治风险，同时还因表达的巧妙而扩大了作品的知名度与传播范围，从而最大限度地发挥出其否定元朝黑暗统治的宣传鼓动效果。

第二个层次的修辞文本建构是排比，在全文中所占篇幅也比较大，主要分布于买柑者与卖柑者的对话中。如买柑者所言“若所市于人者，将以实笾豆、奉祭祀、供宾客乎”，其中的“实笾豆、奉祭祀、供宾客”就是三个语言单位（动宾结构短语）的排比，是铺排买柑者购买柑橘的虔诚之心与重要用途，意在反衬卖柑者将“金玉其外，败絮其中”的柑橘售卖于人行为的不义，为下文卖柑者借题发挥而大篇幅建构排比文本揭批元末吏治腐败作铺垫。卖柑者所言，有两种类型的排比，一是对句式，二是多句式。对句式有两个文本，一是“今夫佩虎符、坐皋比者，洸洸乎干城之具也，果能授孙、吴之略耶？峨大冠、拖长绅者，昂昂乎庙堂之器也，果能建伊、皋之业耶”，是铺陈元朝官吏徒有其表而无其实的假把式形象，意在揭露元末吏治的腐败。二是“巍巍乎可畏，赫赫乎可象也”，是铺陈元末各级官吏狐假虎威、作威作福的形象，也是意在批评元末吏治的腐败。

多句式也有两个文本，一是“盗起而不知御，民困而不知救，吏奸而不知禁，法斁而不知理，坐糜廪粟而不知耻”，是五个结构相同相似的句子的连续铺排，将元末吏治的腐败予以全面展示。二是“坐高堂，骑大马，醉醇醴而饫肥鲜”，是四个结构相同的语言单位（动宾结构短语）的连续铺排，将元末官吏优渥的生活状态全面呈现出来，意在揭露官员醉生梦死的状态。刘基以上这些排比文本的建构，无论是对句式，还是多句式；无论是借买柑者之口建构，还是托卖柑者之名建构，都是为了一个目标，就是讽刺揭露元末吏治的腐败。由于这一政治修辞的主旨表达是以具有“壮文势，广文义”① 效果的排比形式呈现，因而读来就格外有一种气势磅礴、酣畅淋漓之感，这对提升全文的政治宣传鼓动效果无疑是有很大助益的。

第二层次和第三层次的修辞文本建构有比喻与设问、用典。其中，第二层次的比喻文本建构有三个。一是“出之烨然，玉质而金色”，写卖柑者所贮藏的柑橘光鲜的外表（烨然，是指柑橘色泽灿烂的样子；玉质，是指柑橘表皮像玉一样的光滑；金色，是指柑橘的颜色像金子一样澄黄）；二是“剖之，如有烟扑口鼻”，是说卖柑者所贮藏的柑橘内瓤干枯，有发霉的味道，写的是其味觉感知；三是“视其中，则干若败絮”，是说卖柑者所贮藏的柑橘之肉已经风化变质，写的是其视觉形象。这三个比喻文本的建构，其意不在于表达的生动形象，而是借以隐喻元末吏治腐败，官员中看不中用，是政治批评。第三层次的比喻有一个，即“又何往而不金玉其外，败絮其中也哉”，是设问文本中包含了一个“金玉其外，败絮其中”的比喻文本，是批评元末的朝廷官员都是表里不一之徒，表面看起来道貌岸然，实际上则腐败透顶。第二层次的设问文本建构共有五个。一是“吾售之，人取之，未尝有言，而独不足子所乎”，二是“世之为欺者不寡矣，而独我也乎”，都是“激问”形式，答案就在其设问的反面，是卖柑者质疑买柑者批评他欺诈行为的合理性，目的是跟下文所揭露的吏治现状进行对比，从而彻底否定了元政权的统治。三是“又何往而不金玉其外，败絮其中也哉”，也是“激问”形式，答案就在设问反面，是指斥元末官吏都是徒有其表而无实用的废物。四是“岂其愤世疾邪者耶”，五是“而托于柑以讽耶”，也是“激问”形式，答案也在其设问的反面，是为加强语气，强调说明卖柑者不是一个欺诈的商人，而是一个愤世嫉俗的正直之士，他批驳买柑者的话不是强词夺理，而是一种高超的批判现实政治的反讽表达。第三层次的设问文本建构共有两个。一是“果能授孙、吴之略耶”，二是“果能建伊、皋之业耶”，它们都是对句式排比文本：“今夫佩虎符、

① 陈骙．文则（庚条一）．转引自蔡宗阳．陈骙《文则》新论［M］．台北：文史哲出版社，1993：589.

坐皋比者，洸洸乎干城之具也，果能授孙、吴之略耶？峨大冠、拖长绅者，昂昂乎庙堂之器也，果能建伊、皋之业耶？”内含的设问文本，属于第三个层次的修辞文本建构，以其强烈的语气加强了整个排比文本在表达上的气势，提升了对元末官员能力的质疑力度。文中建构的用典修辞文本也有两个，一是“孙、吴之略”，用的是春秋时代吴起、战国时代孙武善于军事谋略的典故；二是“伊、皋之业”，用的是上古圣人伊尹与皋陶治理天下有成的典故。这两个用典文本都是包含在属于第二层次的排比文本“今夫佩虎符、坐皋比者，洸洸乎干城之具也，果能授孙、吴之略耶？峨大冠、拖长绅者，昂昂乎庙堂之器也，果能建伊、皋之业耶”之内的。从政治修辞学的视角看，这两个用典文本的建构，其目的不是作者刘基为了炫才示雅或是卖弄学问，而是要以古圣人的作为跟元末官员的表现作对比，从而凸显元末吏治腐败的程度。

由以上修辞文本分析，我们可以清楚地见出，刘基作为政治人在政治修辞技巧上是非常用心的。也正因为如此，《卖柑者言》这篇政治寓言才会成为中国古代政治修辞的范本，近千年来一直为人们所称道。

参考文献

1. 董仲舒．春秋繁露·楚庄王．转引自吴礼权．中国修辞哲学史［M］．台北：台湾商务印书馆，1995.

2. 陈骙．文则（庚条一）．转引自蔡宗阳．陈骙《文则》新论［M］．台北：文史哲出版社，1993.

3. 沈谦．文心雕龙与现代修辞学［M］．台北：台湾益智书局，1980.

4. 胡裕树．现代汉语［M］．重订本．上海：上海教育出版社，2011.

5. 吴礼权．中国修辞哲学史［M］．台北：台湾商务印书馆，1995.

6. 吴礼权．言语交际与人际沟通［M］．2 版．广州：暨南大学出版社，2016.

7. 吴礼权．政治修辞与比喻文本建构［J］．阜阳师范大学学报（社会科学版），2020（3）．

A Political Rhetorical Analysis of *Orange Seller's Words* by Liu Ji

Xie Yuanchun[1]　Wu Liquan[2]

(*International College of Chinese Language and Culture*, *Hunan Normal University*, *Changsha*, 410006; *Department of Chinese Language and Literature*, *Fudan University*, *Shanghai*, 200433)

Abstract: *Orange Seller's Words* is a parable by Liu Ji, the purpose of whose creation is not to tell the readers a story, entertain the readers or reason with people, but to help the readers to have a sober understanding of the dark political reality of the late Yuan Dynasty so as to create public opinions for overthrowing the corrupt rule of the Yuan Dynasty. This purpose is realized by the dialogue between the virtual figure with the customer to reveal clearly the gist of fighting against the corrupt rule of the Yuan Dynasty in the parable. From the point of view of political rhetoric, this parable is a political rhetorical text constructed through the rhetorical device of allegory, in which on behalf of the author, the orange seller presented an incisive picture of the dark officialdom, and corrupt government in late Yuan Dynasty. This is a well - constructed political rhetorical sample for its implicitness, reflection, and food for thought provided in the parable.

Key Words: Liu Ji; *Orange Seller's Words*; political rhetoric; rule; rhetorical skill

广告修辞研究

中国广告语言的发展、传播与数据库建设

李　敏[①]

（江苏师范大学文学院　徐州　221016）

摘　要：中国广告语言在发展、传播过程中，能够遵循合作原则与礼貌原则，促进商家—中介—消费者这一链条中三个环节的有效沟通协作，缩小商家与消费者之间的情感距离，使得广告语言设计与传播能够承担起广而告之的任务。但是在进入数字化时代之后，信息流通渠道与主体都发生比较大的改变，这就需要通过建立数据库的方式予以解决。

关键词：广告语言；传播；数据库

在各种广告活动中，语言作为载体发挥着至关重要的作用，通过广告语言的设计，可以将商品信息进行传播，激发消费者的购买欲望，最终促成商品交易。

一、广告语言的概念及理论基础

（一）广告语言的概念

广告语言是指适合广告活动需要而设计与应用的各种语言，其外在的表现形式主要有广告标题、广告内容，表达出的是商品特性、商品的功用等方面的信息，其所具有的特点涵盖了三个方面，即夸饰性、劝说性和承诺性。

第一，夸饰性。针对商品的构造、功用等进行主观上的描述与评价，带有积极情感性，其目的就是要通过广告语言给予消费者明确的心理暗示，激发其消费的欲望。

第二，劝说性。将消费者有意向购买的商品价值与商品的价格进行比较，在消费者的心理中形成价值与价格对等的意识，从而进一步促成消费者购买行为。

第三，承诺性。对商品的价值作出承诺，这就成为商品交易达成的最为关键的环节，同时也是促使消费活动落实的最后步骤。

---

① 作者简介：李敏，江苏师范大学文学院副教授、硕士生导师，研究方向为应用语言学、修辞学。

（二）广告语言的理论基础

对于广告语言而言，设计与传播需要遵循两个基本性的原则，即合作原则与礼貌原则，下文对此进行具体分析阐述。

1. 合作原则

合作原则是由美国语言哲学家格赖斯（Grice）最早提出来的，1967年，格赖斯出版了《逻辑与会话》这一著作，其中就阐述了主要的观点。

第一，合作原则的前提。合作原则的基本前提是双方必须具有合作的意向与合作的目标，在这一意向与目标的规范下，双方才具有合作的可能性，也会为合作原则的应用提供相应的空间。

第二，合作原则的内容。合作原则的主要内容是由四个部分组成的，即详尽准则、内容准则、范围准则和真实准则。

详尽准则。根据要求，确立表达出语言以及所涉及内容的详尽程度。

内容准则。合作时的语言交流所涉及的内容应该包括所有的目标信息。

范围准则。进行语言交流的内容范围应该局限在合作目标范围之内，不应该有所逾越。

真实准则。语言交流的内容应该是真实的，不应该有主观的编造，否则就会失去合作交流的价值。

2. 礼貌原则

礼貌原则的提出者是英国的语言学家利奇（Leech），这一原则提出的基础是合作原则。利奇认为，在语言的表达中，应该凸显礼貌要素所占据的地位，即将令人不快、造成他人损失的语言搁置在次要地位，大量应用使得他人愉悦与得益的语言进行表达，由此而概括出六个基本性的准则，即得体准则、慷慨准则、赞扬准则、谦虚准则、一致准则和同情准则。

礼貌原则并不是对合作原则的反对，也不是对真实表达的扭曲与掩饰，而是强调礼貌与合作之间的关系，这在广告语言的设计与应用中尤其重要。在广告语言中，强调合作必然会引发语言设计与表达直接性，将商品交易的目的性淋漓尽致地表达出来，挤压交易双方进行情感交流的空间，这往往是消费者所无法接受的，甚至会引发消费者反感。据此而言，商品的销售者在广告语言的设计与应用中，要立足于消费者的视角，研究其心理消费的需求，改变原有的指令性与直接性语言，大量使用礼貌性与承诺性语言，隐藏商品交易的真实意图，并予以委婉表达，从而在构建交易双方情感纽带的同时，大大提高商品交易的成功率。

二、广告语言的发展现状

在广告语言的发展中，能够遵循合作原则与礼貌原则，在语言创新、设计真实和形成情感共鸣等方面取得积累经验，获得发展。

（一）创新语言

在广告语言的设计中，应该大胆创新，通过创新可以达到两个基本性的效果。第一，创新可以丰富广告的内涵，这与合作原则中的内容准则相一致，即所内蕴的内容信息应该是丰富的，广告所传达出的信息呈现出多元化的特点，从而提高传播价值，广告的制作与传播成本相对降低；第二，创新广告语言可以提升消费者黏度，对于普通消费者而言，一旦出现海量而又内容同质化的广告，其审美疲劳油然而生，广告无法达到告知、宣传与传播的目的，创新型广告则不会出现这一问题。据此，创新是广告生命力持续的不竭动力源泉。

王致和臭豆腐广告语言新颖而别致，“臭名远扬，香飘万里”这一广告语言的特色非凡，“臭名远扬”本是贬义，在此处则反其道而为之，以“臭”暗代臭豆腐，引发受众兴趣，“名远扬”则是指名声在外，与“香飘万里”巧妙衔接，达到广而告之的目的。

再如杜康酒广告中的“何以解忧，唯有杜康”语言设计，这一句话来源于曹操的《短歌行》，这一首诗被列为义务教育阶段的经典诗词篇目，自然成为每一个中国人耳熟能详的经典诗句，以此句作为广告语，不仅可以引发人们对历史的回顾，还可以较好地传播酒文化，广告语言的设计与经典的诗词结合臻于完美。

（二）真实化设计

我国的广告法对广告语言的设计有明确的规定，即广告语言必须真实，从广告的作用层面进行分析。广告语言所发挥的是沟通商家与消费者的作用，商家通过广告语言这一载体，将商品的功用信息、效果信息予以传达，而对于消费者来说，则是要借助阅读来了解商品的诸多信息，从而可以据此评价个体购买商品的需求是否正确，但是这些信息的传达必须具有一个基本性的前提，即以真实性准则作为基本要求，传达出真实性的信息，从而给予消费者判断的依据，拉近与消费者之间的情感距离。在广告语言的设计中，应该紧紧把握商品的特点，并据此作为广告语言设计的基础，举例分析。例如在蒙牛饮品的广告语设计中，就出现了“自然给你更多”的语言，其中“自然”这一词汇占据主体性的地位，即蒙牛饮品并不是人工合成的，而是来源于大自然草原，属于纯天然的饮品。农夫山泉矿泉水的广告语言设计中，“我们不生产水，我们只是大自然的搬运工”具有极大的特色，其隐含的意思是矿泉水是山泉水，农夫山泉是天然而健康、安全的矿泉水。

（三）注重情感沟通

礼貌原则强调在消费者和商品销售者之间建立情感纽带，所达到的客观效果使得消费者脱离被引导消费，或者被强迫消费的惯性思维，从而转变消费理念，积极主动开展消费活动，举例对此进行分析。

金莎巧克力的广告设计出“凡人不可阻挡”的语言，其中的“凡人”有两层含义，一是“普通人”，二是“所有人”，这就契合赞扬准则，消除了消费者的心理接受屏障，语言中透露出调侃与幽默，但是也从侧面委婉表达出金莎巧克力质量上乘、深受消费者所喜爱的自信。

再如乐虎功能饮料，广告语言巧妙应用了同情准则，设身处地为精神疲劳者着想，设计出“喝乐虎，提神抗疲劳，激发正能量”的广告语。“提神”将目标群体划定为苦读的学生、熬夜加班的工薪阶层，“抗疲劳”这一短语则是将目标群体圈定为驰骋赛场的运动员，这就使得这两个群体得到情感上的慰藉，对乐虎功能饮料自然产生一种情感上的亲近感。

三、广告语言的传播方式

广告设计的目的就是要通过语言的传播达到广而告之的目的，从而使得商品的信息可以为更多的消费者认可，实现商品销售数量与利润的提升，广告语言的传播同样借力于合作原则与礼貌原则而产生衍生效应。

（一）合作性传播

合作原则中阐释了协作准则的应用价值，广告语言一般是在各个环节达成协作的基础上才能有效传播，协作准则对广告语言的传播具有理论指导性的作用。

广告语言的传播一般会经历三个基本性阶段，即广告语言设计—广告语言传播—广告语言接受，三个阶段的主体分别是商家—媒介—消费者，协作性传播就需要三个主体形成有机协作的关系。

商家实施广告语言设计时，可以立足于传播与消费者主体进行设计，即广告语言能够以最小的数量、最高的质量进行传播，传播成本低廉，速度快捷，同时满足消费者的消费期待，容易被其理解与接受。雀巢咖啡的广告语言简单扼要，即“味道好极了”，这五个字符合协作准则，有利于广告语言的有效传播。从商家的角度分析，这一广告语强调的是“味道”，其后则是咖啡的质量上乘；对于传播媒介而言，简简单单五个字，可以节约传播的时间，促进传播速度的提升，从而降低广告语言传播的综合性成本；广告语言的接受者则可以从中受益匪浅，五个字言简意赅，消费者在快速浏览后马上明晰其所表达的主要意思。

（二）劝说性传播

在广告语言的传播中，可以采取劝说性方式，这就与礼貌原则的应用相契合，即广告语言的设计要得体，富有情感的感染性，以此作为基础，才能达到劝说性传播的效果。下面从广告语言的载体功能视角对此进行分析。

广告语言是广告传播的载体，其主要的功能就是通过传播商品的信息，激发消费者的购买欲望，并将欲望转变为行为。在传播中，如何实现这一转化成为关键，这需要广告语言设计中的劝说作用得到有力发挥，并在此基础上形成劝说的广告语言传播方式。我们从语言的可信性与语言的情感交融性这两个方面予以阐述。

广告语言的可信性。广告语言的可信性符合合作原则中的真实性准则，只有真实才能得到信任，否则就会成为虚假广告。例如六必治牙膏的广告语“牙好，胃口就好，身体倍棒，吃嘛嘛香”，内部构建起了严密的逻辑关系，即在牙齿健康的基础上，才能使得胃口大好，胃口好才会使得身体棒，进而达到“吃嘛嘛香”的程度，这一逻辑上的关系符合生活现实，是真实可信的，也会激发消费者的情感信任感。

广告语言的情感交融性。根据礼貌原则，在情感上与消费者进行沟通，才能激发消费者的购买欲望，其中又细化为赞扬准则、同情准则等，这都属于情感领域内的诸多要素，情感的交融性因此就成为劝说性传播方式应用的视角之一。在金嗓子喉宝的广告语中，“保护嗓子，请用金嗓子喉宝”成为经典，这一广告语设计并不具有新奇性，但是其中蕴含着对受众的健康关爱，自然会引发受众的情感共鸣。

四、广告语言数据库建设

在大数据时代，广告语言数据库的建设已经成为必然的趋势，即广告语言的设计与传播必须有数字化技术应用的条件支撑，有效解决信息不对等的问题，从而给予消费者更大的选择权与知情权，促进广告语言设计与传播朝向完全告知功能的理性回归，基于合作原则的应用，商家、媒介、消费者三方都应该成为广告语言数据库建设的主体。

（一）商家广告语言数据库

在传统的市场环境中，商家无疑占据信息制高点，而消费者则会因为信息不对等问题存在而处于劣势，信息的单向化流向趋势占据主导性地位。但是在数字化时代，信息传播渠道与传播速度都呈现出多元化特点，信息流向双向化形势逐渐形成，作为商家，应该因时而变，建立数据库，适应市场的要求。

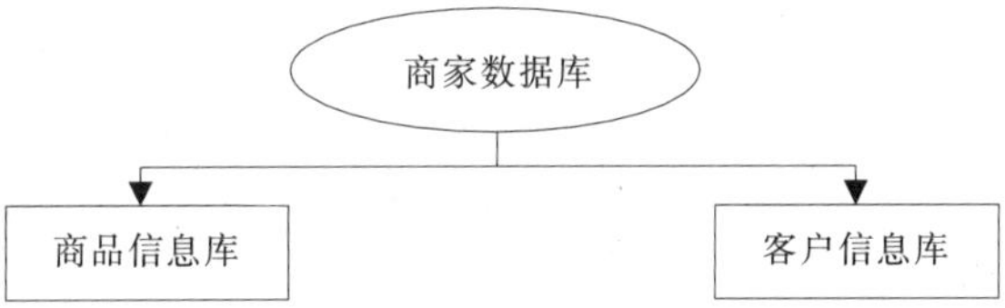

图 1　商家数据库

如图 1 所示，商家数据库可以涵盖商品信息与客户信息这两个方面的内容，通过汇集商家信息、客户资料、市场调研的渠道获得。商品信息全面而丰富，处于及时更新的状态，消费者可以进入数据库攫取相关信息进行自主性浏览；消费者信息则主要包括消费者反馈信息、需求信息等，尤其是要注重消费者建议与意见等方面的信息，不回避负面信息。这些信息进入数据库，成为商家改进服务、完善广告语言设计的重要依据，同时成为联系商家与消费者的主要平台。

（二）消费者广告语言数据库

此类数据库信息来源于忠诚度比较高的消费者，这一类消费者对商家而言虽然具有比较高的忠诚度，但是在实质上属于消费者群体之内，其所建立的数据库会涉及商品的相关信息、使用信息、售后信息等。

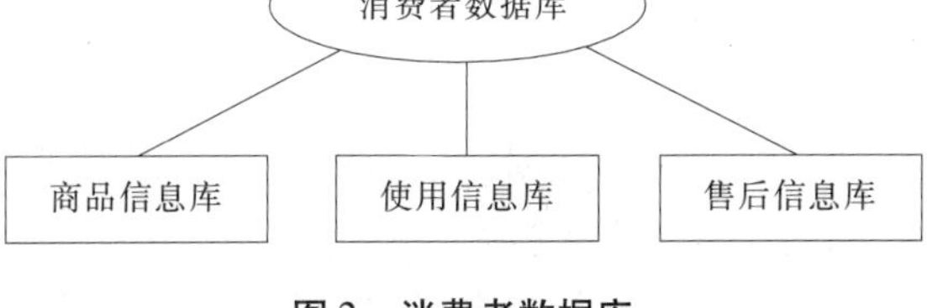

图 2　消费者数据库

如图 2 所示，消费者数据库中的信息来源于现实生活，该数据库建立的途径是消费者群体自身信息的集约，客观而准确，具有比较高的可信度，往往成为商家数据库信息的佐证或补充。消费者广告语言数据库与商家广告语言数据库建立的主体虽然具有差异性，但是二者的目标指向是完全相同的，因此可以考虑将二者结合，形成数据信息对接，这样有利于广告语言再设计，进一步提高商家的社会信誉，促进商家与消费者之间的情感交流。

（三）媒介广告语言数据库

媒介是广告语言的中间环节，这一环节具有专业化的优势，同时还掌握着大量的广告语言信息资料。

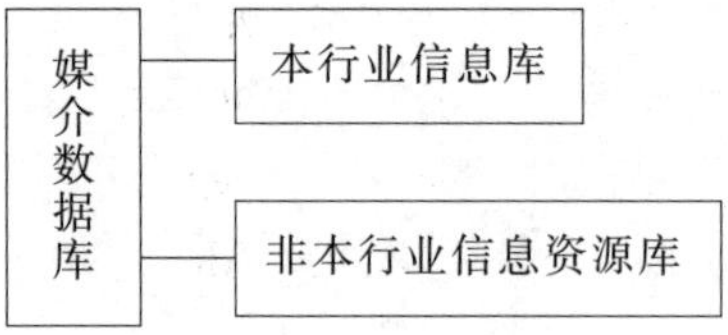

图 3　媒介数据库

如图 3 所示，媒介广告语言数据库是在搜集本行业信息与非本行业信息基础上建立起来的，一方面可以为商家的广告语言的制作提供各种信息资料，促进广告语言设计的完善；另一方面又可以为消费者提供各种咨询信息，对已有的广告语言作出阐释。据此，在媒介环节建立起广告语言数据库是十分有必要的，也是可行的。

五、结语

广告语言的设计、发展与传播都应该遵循合作原则与礼貌原则，数据化时代的到来使得广告语言传播处于一个崭新的环境中，商家广告语言数据库、消费者广告语言数据库、媒介广告语言数据库的建立优化了环节，使商家、媒介与消费者三者之间的合作与情感沟通更为高效。

参考文献

1. 杜启朕．现代广告语言中的修辞研究［J］．辽东学院学报（社会科学版），2016（5）．

2. 管琰琰．网络广告语言违反会话合作原则的语用分析［J］．长江大学学报（社会科学版），2013（4）.

3. 王雪飞. 言语行为及礼貌原则下商务语言的语用分析——以房地产广告语为例［J］. 广东轻工职业技术学院学报，2016（1）.

Development, Communication and Database Construction of Advertising Language in China

Li Min

(*School of Arts*, *Jiangsu Normal University*, *Xuzhou*, 221016)

Abstract: Chinese advertising language in the process of development, spread, to be able to follow the cooperative principle and politeness principle, promoted the business-mediation-consumers of three links in the chain effective communication and collaboration, narrowed the emotional distance between businesses and consumers, make advertising language design and spread to undertake the task of broadcast, but after entering the digital era, the channel and main body of information circulation have changed greatly, which needs to be solved by establishing database.

Key Words: advertising language; transmission; the database

其他研究

汉语地名中方位词使用的南北差异及其地理语言学释因①

姜珍婷②
（湖南人文科技学院文学院/梅山文化研究中心　娄底　417000）

摘　要：汉语地名的结构成分包括通名和专名。方位型专名作为专名之一种，在各地地名中均占一定比率，但在不同的地域，因地理环境的差异，其专名对方位词的选用及使用频率都会出现一定的差异，呈现出现鲜明的地域色彩。通过对湖南新化和内蒙古赤峰两地地名的对比研究，可发现，汉语地名中方位词的使用具有南北差异性，反映出地理环境对居民方位认知的深刻影响。

关键词：汉语地名；方位词；南北差异；地理语言学

地名是人类认知活动的产物，是人们日常生活中最常用的词汇之一。它是人们赋予社会生活中某一地理实体、行政区域或居民点的专有名称，由人们根据地理实体所处的位置、范围及形态特征，用对应的语言符号指称而成。

在地名命名中，因地理实体所在的空间位置、地理方位是命名的重要依据，由此，方位词在汉语地名中高频出现，并形成一种重要的汉语地名类型——方位型地名，如“南山”“西安”“延边”“下关”等。

尽管方位型地名在汉语地名中大量存在，但因我国幅员辽阔，南北自然环境千差万别，各地域民众对空间方位的认知依据并不完全相同。故而，处于不同生态位上的民族，在地名命名中对方位词的使用各不相同，南北差异明显，地域色彩鲜明。

方位词出现在地名中有两种情况：一是以专名的形式对通名加以修饰限制，如“南冲”“东凼”“北方院”“下冲”等；二是作附加成分黏附于已有地名，从而形成新地名，如“白岩岭下”“下芳溪”“岩凼里”“上茶底冲”等。在已有地名基础上附加方位词，以进一步实现定位的准确性和精细化，达到对地理实体的精准指称，这是一种简便经济的造词行为。在

① 本文为湖南省哲学社会科学基金项目“地理语言学视角下的湘中地名研究”（项目编号：17YBA238）研究成果。

② 作者简介：姜珍婷，博士，湖南人文科技学院中文系副教授，主要从事修辞学和现代汉语教学研究。

我国，附加型地名是一种常见的地名类型。在湖南省新化县的 6 807 个自然村落中，有 978 个村落名为附加型，约占其村落总数的 14.37%。虽然方位型地名作为一种普遍现象存在于各地地名中，但在不同的地域，其地理环境的差异导致各方位词出现方式和出现频率的差异，由此而呈现出极强的地域性。为了深入解析方位型专名的南北差异，探究出其地域成因，本文以湖南省新化县、内蒙古赤峰市地名为例，依据两地地名资料的载录展开研究。

一、新化县地名方位词使用概况

在新化县地名中，方位词的出现同样为上述两种情况：一是作专名对通名加以修饰限制，如“东塘”“中街”“后冲”等；二是作附加成分修饰限制原地名。其附加形式有三种：一是附加在原地名前，如“上罗家排”“上禾冲”“中横江”“中黄花溪”“对门院”“对门山”“下谭家冲”“下芭蕉山”；二是附加在原地名后，如“大界上”“田塝上”“河对门”“罗对门”“红岩下”“彭家底下”“李家边”“祠堂边”“胡家门前”“井湾里”“大坪里”；三是附加在中间，如“坝上院”“舟上垣”“洞下冲”“山下垅”。

对《湖南省新化县地名录》中的 6 807 个村落名中的方位词进行统计发现，新化地名中用到方位词的共 978 条，其中用到的方位词有东、南、西、北、中（中间）、上、下、前（门前）、后、里、边、对门共 12 个。现将统计数据呈示如下：

表 1　新化县方位词类地名统计表

方位词	地名名称	数量	占比
东	东冲（3 条）、东塘、东方、东溪、东山洞、东岭冲、东山岭、东岭、东湾里、东庄（2 条）、东富、江东岩	15	1.53%
南	南冲（4 条）、上南冲、南昌第、木南湾、横南溪、上横南溪、下横南溪、南湾岭、南湾垅、南蛇托、南家坊、南湾、阳南坳、南门湾（2 条）、南溪山、南北岭、南风后、南盘山、南坪里、南杨湾、海南溪、南台山底下、南山、南芝排、中南冲	30	3.07%

（续上表）

方位词	地名名称	数量	占比
西	西冲（3条）、小西冲、黄西（2条）、中黄西、江西湾（2条）、广西山、西斯岭、西边垣、西山、西北湾、西荡院、西江湾、西岭上、西泉	18	1.84%
北	北冲、北门院、北门溪、西北湾、南北岭	5	0.51%
中	田中间、中横江、中塘院、中间湾、中菜花溪、中家冲、中腰桥、中家湾、中家院、中心街、中街、中房院、中家庄、中湾院、中凼里、中路溪、中间院、中杨家山、中南冲	19	1.94%
上	麒麟上、黄塝上、洲台上、排上（5条）、寨垴上（2条）、上盐塘、上横排、上梅树、上刘家殿、洋楼上、大塝上（3条）、上石门寨、黄岭上、狗脑丘石岭上、圳上（2条）、拖上、上冲、上肖家、三板桥坳上、上鸟竹岩、上罗家排、上红岭、洲岭上、上南冲（2条）、上爪山、大圳上（2条）、上横江、田凼上、大岭上（8条）、上猴子岩、石岭上、洲上（2条）、坟山上、坳上（2条）、台上（3条）、大界上（3条）、坪岭上、界上（2条）、台台上、潭岭上、马脑上、石塝上、大排上（4条）、庙垴上、上横岭（3条）、上许家溪、上坛山湾、上横南溪、上育蜡坪、上木山溪、上吴叶冲、上横拉坪、田岭上（2条）、田垴上、上团、上潭湾、上沫江溪、上舒家山、上牛寨湾、上岩板头、上坪溪、上栗树坑、上浪山、上石燕、上桥坪、上横岩、马界上、上横溪、上上横溪、上芭蕉山、上富溪垅、上桐木冲、上大坪垅、上两板桥、庵堂上（3条）、福全上、上谭家冲、上小田、上横山溪、大土上、戏台上、上酸枣坳、田塝上（5条）、上椆树湾、上铁山、上沙湾、街上、上菜花溪、鹅洋江坳上、半岭上（3条）、上石灰冲、上金家溪、上观音山、长岭上、庙岭上、上黄家湾、上苦楝坪、长圳坑上、上茶底冲、寨上（2条）、上梅溪、上流江、岩上、海垴上、马路上、塝上（2条）、上大通、背篓上、上木材溪、上六瓜山、上大茅江、彭家垴上、上葡萄溪、上芳溪、上团山溪、石碓上、上茅叶冲、堤上、上禾冲、坝上院、上陆家、白岩坳上、桥塝上、上富溪、井坳上、半排上（2条）、上蜀溪、	233	23.82%

（续上表）

方位词	地名名称	数量	占比
上	滩垴上、上白岩底、黄皮坳上、洞上、庄上、茶溪界上、照排上、横溪界上、上黄皮、上黄溪、瓦土界上、田排上、桥端上、前安界上、上炉前、大路上、上白岩山、上峰山、水井垴上、泥坳上、上渡、河上坝、上鹧鸪塘、庙排上、峦岭上、大洲上、上大峰、上塘冲、洞桥上、上陡岩、塘坳上（3条）、上关山岭、周家垴上、上何家冲、上头湾、杨柳塘坳上、上陇山、上水田、上白蜡冲、老寨上、茅坳上、张义屋上、塘上、上牛栏山、大坳上、猪脑上、田坳上、对门岭上、上檫坪山、上泥湾、罗顶上、张家上、横岭上、塘排上、庙坳上（2条）、上杨家山、炸岭上（2条）、西岭上、关上、上头铺、沙洲上	233	23.82%
下	岩底下（12条）、红叶子树底下、下温、桑梓树底下、新屋下、松柏树下、下盐塘、下垣、下横排、下梅树、下石门寨、下杉木岭、红岩下、梓山下、李家菊花树下、殿底下（3条）、山下、竹山下（6条）、下庄、下肖家、罗根树下、岩下（3条）、寨底下（3条）、棘树下、彭家底下、下黄西、青山下、月山下、庙山下、栗山下、下爪山、飞蛾树下、下鸟竹岩、下红岭、椆树下（2条）、下横江、樟树下（6条）、下罗家排、禾树下（2条）、洞下（2条）、鹰下、下猴子岩、高洪下、下南冲、树底下、桑树下、洞底下（4条）、邹家树下、窖底下、桐罗树下、楼下、德山下、道观下、枫树下（2条）、杏树下、坪下、岩山下（6条）、下横岭（2条）、下横南溪、下吴叶冲、下木山溪、下育蜡坪、下横拉坪、下许家溪、下大桥江、下团、下潭湾、下沫江溪、下舒家山、下牛寨湾、下岩板头、下坪溪、下栗树坑、下浪山、下石燕、下桥坪、下上横溪、下芭蕉山、下富溪垅、下桐木冲、横岭下、梅树下、株树下、杏山下、下大坪垅、下两板桥、黄家底下（2条）、下谭家冲、下小田、下横山溪、板栗树下、瑞岩底下、下酸枣坳、下椆树湾、下铁山、下沙湾、下菜花溪、河底下、下石灰冲、下金家溪、下黄家湾、下苦楝坪、山底下（3条）、岸山下、塘下（2条）、娘娘殿底下、大岩底下、下梅溪、洞下冲、下段垣、	263	26.89%

（续上表）

方位词	地名名称	数量	占比
下	岩下垅、下大通、岭底下（2 条）、下木材溪、下六瓜山、庙底下、下大茅江、峨梨坳底下、下葡萄溪、下芳溪、下冲院、下团山溪、杏子树下、杨家底下、下禾冲、袁家底下、下毛叶冲、岩山底下（6 条）、大枫树下、大松树下、江家下、下山、庵堂下、下陆家、岩脚下、山下坪、滩底下、下富溪、下路溪、下暗冲、下水田、白岩底下（2 条）、下白岩底下、胡家下、杏子下、檀山下、槽门底下、下白岩山、坳脚下、錾字岭脚下、茅栗下、下黄沙洞、冷树下、将冲界底下、下黄皮、下黄溪、下炉前、吴家下、江下、刘家下（2 条）、冯家下、曾家下、白岩下、平山界底下、坟山下（2 条）、南台山底下、下鹧鸪塘、桐锣树下、坝底下、栗树下、下大峰、下塘冲、石山底下、下关山岭、洞下山、白岩岭下、吴家底下、下茅冲、新塘下（2 条）、王山底下、下头湾、下陇山、庵堂底下、下淹塘、田家下、下白蜡冲、大山下、罗家下、鄢家下、阳家下、阳家底下、康家底下、江底下、彭家下、尖岩下、下牛栏山、青树底下、下磉坪山、下泥湾、下杨家山、易家底下、石桥下、杨家下、下蓬桥、坳底下、景山底下、柳树底下、栗树底下、大岩山下	263	26.89%
前	林家门前、胡家门前、象门前（2 条）、岩门前（2 条）、仓前、游家门前、炉前（4 条）、口前、关庙前、烂屋前（2 条）、庳门前、王家门前（2 条）、方家门前、学堂门前、前安界上、炉门前（2 条）、上炉前、谢家门前、槐家门前、戴家门前、陈家门前	29	2.97%
后	岭背后、老屋后、坳背后（6 条）、新屋背后、洞背后、山背后（5 条）、刘家背后、山背、寨背后、鹰背后、庙背后、岩背后（2 条）、老屋背后、张家背后、钟家背后、南风后、井背后、曾家背后、栗山背后	29	2.97%

（续上表）

方位词	地名名称	数量	占比
里	大园里（4条）、庙山里（3条）、泥湾里（2条）、上院里、龙院里、大山里、岩山里、冲里（3条）、田凼里（3条）、老湾里（2条）、岩凼里（2条）、井湾里（15条）、兰园里、新屋里（12条）、井山里、富凼里、湾里（6条）、茅屋里、大湾里（8条）、肖家院洞里、老园里、花坛里、中园里、仁院里、老屋里（9条）、老塘里、庄房里、藕塘里、大畲里、大坪里（11条）、竹山里、大屋里（6条）、石门里、蛇窝里、老田里、大凼里（4条）、帽子石塘里、塘湾里（22条）、水凼里、农庄里、铺子里、树山里、沙湾里（2条）、大坑里、麻园里、倒凼里、老殿里、田湾里（5条）、游家屋里、庙湾里（2条）、鹅洋江湾里、花屋里（4条）、大垅里、庙坪里、石园里（2条）、周佃里、岩落里、庵堂里、长湾里（2条）、对门屋里、瓦厂里（2条）、茶园里（3条）、东湾里、头前湾里、田坪里（3条）、老厂里、细院里、塘院里、排院里、柳山里、墙园里、社仓里、焕章屋里、沙坪里（7条）、中凼里、村里、南坪里、岩口里、茅凼里、金子坑岩里、砖屋里、墓屋里、毛铺里、大坪垴里、大垴里、塘冲里（2条）、山口里、大院里（2条）、富园里、洪立垴里、吹风垅里、井排里、淹塘里（3条）、同湾里、洞冲里、庵堂里、王冲里、胆坳里、象坪里、泥凼里（3条）、柏湾里、石坑里（4条）、河湾里、藕塘里、新塘里、塘托里、七湾里、六湾里、茅坪里、四湾里、黄冲里（2条）、锡凼里、水托里、半山里、凼里、麦冲里、尧湾里、祖冲里、边田里、篾匠屋里、坪湾里、滟塘里、长冲里、大托里、长托里、贵才屋里、回湾里、方平里、庙冲里、田垅里（2条）、井冲里（2条）、王家冲湾里、黑湾里、对面湾里、荒山里、黄田里、扇家山坑里	267	27.30%

（续上表）

方位词	地名名称	数量	占比
边	李家边、祠堂边（2条）、高车边（2条）、庙边（2条）、大塘边（2条）、大井边、石桥边（4条）、桥边、寨边（2条）、烂屋边、双井边（2条）、阁边、南边、杨家边（2条）、张家边、高桥边、庵堂边（2条）、溪口边、塘边（2条）、拱桥边、大石边、塘子边、水口边、老屋边、高筧边、大桥边、桥亭边、学堂边（2条）、跳石边、大冲塘边、江边、卢家边、新桥边、鲢鱼边、风洞边、孙家桥边、深坑边、满洲河边、人行边、碧塘边、水井边、刘家边、塘井边（2条）、干塘边、大路边、大江边	60	6.13%
对门	罗对门、河对门（2条）、对门铺（2条）、对门院、对门山（2条）、对门凼里、对门屋	10	1.02%

表2　新化县地名方位词使用情况简表

方位词	东	南	西	北	中	上	下	前	后	里	边	对门
次数	15	30	18	5	19	233	263	29	29	267	60	10
比率	1.53%	3.07%	1.84%	0.51%	1.94%	23.82%	26.89%	2.97%	2.97%	27.30%	6.13%	1.02%

二、山民对方位的体认与方位词的使用

空间方位概念是人们在与世界互动的过程中形成的，是人类赖以生存的最基本的概念之一。在空间方位概念衍生下的空间方位词是人类表述空间位置的重要语言符号。语言学者认为，现代汉语的方位词根据表示方向的性质，可以分为以下5组：①水平方向：前、后、左、右；②水平方向：东、南、西、北；③垂直方向：上、下；④辐辏方向：里（内、中）；⑤泛方向：旁、间、中、旁边、附近、周围、中间。[①] 而根据方位词的表意特点，大致把单纯方位词划分为以下一些次类系统：一是靠身体定位的水平系统，包括前、后、左、右；二是靠太阳定位的水平系统，包括东、西、南、北；三是靠身体定位的垂直系统，包括上、下；剩下的四个：里、内、中、外自成一个体系。里、内、外、中具体是一个什么体系呢?

① 方经民．汉语空间方位参照的认知结构［J］．世界汉语教学，1999（4）．

根据杨辉的观点："由于'里、内、中、外'表示的方所系统的特点，人们在认识这个方所系统的时候会根据自身的经验把它抽象为一个图式，用常见的容器图式来映射'里、内、中、外'表示的方所系统。所以我们把'里、内、中、外'称作容器方位词。"① 根据认知语言学的观点，人类认识的容器图式也来源于身体，如人类进食和排泄的体验就是认识"里外"的基础。

不论是哪类方位词，在表示方位时都是要有参照点的。廖秋忠指出："方位词表示方向时，必须选定一个位置作为面对的方向，这个位置就是方向参考点。另外，还需要一个立足点，它就是面对某个方向时所处的位置。位置点随着语境的变化而变化……方向参考点是由立足点来决定的。……没有参考系的方位词是无法用来定位的。"② 东南西北选择的原初参考点是太阳，前后左右选择的原初参照点是人体。太阳是恒定的，所以东南西北表示的方向比较稳定。人体是多变的，因此，前后左右表示的方向就不具有稳定性。人体除了具有多变性外，还具有可投射性，即可以把人体方位投射到某个非人类的实体上，这叫作"投射参照"。投射参照中的"单体投射参照"具有明显的以人类为中心的性质，"如动物、玩具娃娃、相机、望远镜等具有或被赋予知觉器官。动物脸部朝向为'前'，车子的头部、车子的常规运动方向为'前'。通过投射，这些实体也获得了比较稳定的方位"。③ 上述是语法界对方位词的一些认识，这些认识可为我们提供找到地名中方位词择取的理据，从而解析出方位词使用上的民众认知特点。

如表2所示，新化地名中共用到了12个方位词，其中"边"和"对门"是两个带有方言色彩的方位词。这两个方位词，根据其表向的性质和语义特点，可列入"靠身体定位的水平系统"中。显然，在这12个方位词中，靠身体定位的方位词和容器方位词的使用频率要远远高于靠太阳定位的方位词。而在靠身体定位的方位词中，表示垂直方向的"上""下"的使用频率又要远远高于表水平方向的"前""后""边""对门"等。新化县地名中方位词的这一特征是新化县独有还是别的区域也同样具有？为了鲜明地显现出新化县地名中方位词使用的地域特征，本文以赤峰市地名为对照点，用赤峰市地名中方位词的使用情况与新化县地名中方位词的使用进行比照。赤峰市地名首字的方位词使用情况统计见表3：④

---

① 杨辉．容器方位词里、内、中、外的空间意义［J］．四川教育学报，2008（12）．

② 廖秋忠．空间方位词和方位参考点［J］．中国语文，1989（1）．

③ 储泽祥，王寅．空间实体的可居点与后置方位词的选择［J］．语言研究，2008（4）．

④ 表3数据来自王洪莉．赤峰地名研究［D］．长沙：中南大学，2010.

表3　赤峰市地名首字的方位词使用情况

方位词	东	西	南	北	中	上	下	前	后	左	右	东北	西北	东南	西南
条数	88	70	50	47	18	39	50	15	9	1	1	3	1	12	4

由表3可见，在赤峰市地名中，靠太阳定位的方位词“东”“西”“南”“北”及其复合词的使用次数共275次，而靠身体定位的方位词“上”“下”“前”“后”“左”“右”使用次数共115次。“虽然在赤峰的专名系统中这两套说法都用，但是所用的数量相差悬殊，可见赤峰人还是更倾向于用“东西南北”作为地名的专名。”① 此外，赤峰地名中的容器方位词只有一个“中”，它的使用次数为18，也远远低于靠太阳定位的方位词的使用次数。

三、南北地域方位词使用差异的地理语言学释因

显然，在两地地名中，对方位词的择取出现了差异。根据上文的论述，“东”“南”“西”“北”这一组方位词和“上”“下”“前”“后”“左”“右”“里”等方位词最大的差别在于其参照点不同。“东”“南”“西”“北”的参照点是太阳，具有恒常性，不可投射。“上”“下”“前”“后”“左”“右”“里”等方位词的参照点是身体，可投射到其他非人类的实体上，从而形成“投射参照”。赤峰市山地面积仅占17.74%，其他多为平原、台地和丘陵。平原和台地地形起伏不大，地表样貌变化不显著，这样的地貌特征显然与立体多维的人体不具有对应性，因此要构成投射的难度比较大。而如果仅用人的身体作为参照来定位，身体的多变性又会造成指向的不确定。在这样的地理环境下，用以太阳为参照点的“东”“南”“西”“北”来进行定位指向是比较科学合理的。由此可见，赤峰市地名中对“东”“南”“西”“北”这几个方位词的高频使用是一定地貌条件下的产物，是当地地貌地形下的特殊知觉行为。

与赤峰市的地貌不同，“新化县的平原面积仅占4.19%，岗地占10.5%，丘陵占11.2%，低山占12.4%，中低山占31.1%，中山占23.7%，水域占7.3%”②。上面的数据显示，新化县的典型地貌是山地丘陵。山地的立体多维，特别是它隆起形成的海拔高度，极易与人体位的“上”“下”形成对应，在人类的心理空间中构成映射，从而形成投射参

① 王洪莉．赤峰地名研究［D］．长沙：中南大学，2010：23.

② 新化县志编纂委员会．新化县志［M］．长沙：湖南出版社，1996：510.

照。山以它的海拔高度与人体产生对应，水则以它的流程和落差与人体位的“上”“下”形成对应，也可以形成投射参照。除此之外，“上”“下”还是一组表示垂直方向的方位词，用它们去对山地丘陵等地理实体进行定位指称具有天然优势。在新化地名中，带“上”“下”方位词的地名大量呈现，有以山体为参照点的，如“上横排”“下横排”“上爪山”“下爪山”“石塝上”“岩底下”；有以水流为参照点的，如“上梅溪”“下梅溪”；有以树为参照点的，如“樟树下”“杏树下”等。

山体和水流的出现，除了构成投射，形成垂直方向外，它们还能在空间上造成阻隔，从而把大的空间分割成多个具有封闭感的小空间，在人类心理上形成容器图式。容器图式的形成，是“里”“内”“中”“外”这一组方位词进行投射的基础。在新化县，群山耸峙，溪水奔流，山围水绕之间是山冲和水湾。根据《湖南省新化县地名录》① 的收录，新化县以“冲”“湾”为通名的地名是极多的，分别为 1 073 条和 641 条。除了“冲”“湾”极具容器图式感外，“塘”“谭”“坑”“洞”等地理实体也是很容易在心理上形成容器图式的。因此，新化地名中多用到容器方位词“里”，如“井冲里”“洞冲里”“泥湾里”“岩凼里”“塘湾里”“大坪里”“富田里”“茶园里”“岩落里”“石坑里”“毛铺里”“新屋里”等。

综上所述，两地在地貌上的特点直接决定了地名命名中对方位词的择取。在以山地为主要地貌的新化县，特殊的地貌不仅给当地民众提供了特别的认知对象，更重要的是它还造就了不一样的认知方式。因此，人们在对地理实体进行命名时，习惯用到以身体为参照点的方位词，特别是表示垂直方向的“上”“下”和容器方位词“里”。而在赤峰市，因平原和沙地较多，地表可与身体构成投射的参照点较少，因此，惯用以太阳为参照点的方位词。由此可见，在地名命名中，地理实体所在区域的地貌特征直接决定了方位词的择取，地名中方位词的选用是一定地域特征制约下的语词修辞。

参考文献

1. 方经民．汉语空间方位参照的认知结构［J］．世界汉语教学，1999（4）．

2. 杨辉．容器方位词里、内、中、外的空间意义［J］．四川教育学报，2008（12）．

3. 廖秋忠．空间方位词和方位参考点［J］．中国语文，1989（1）．

4. 储泽祥，王寅．空间实体的可居点与后置方位词的选择［J］．语言研究，2008（4）．

5. 王洪莉．赤峰地名研究［D］．长沙：中南大学，2010.

① 李传机．湖南省新化县地名录［G］．新化县人民政府编印，1983.

6. 新化县志编纂委员会．新化县志［M］．长沙：湖南出版社，1996.
7. 李传机．湖南省新化县地名录［G］．新化县人民政府编印，1983.

The Difference between North and South in the Use of Location Words in Chinese Place Names and Its Explanation in Geographical Linguistics

Jiang Zhenting
(*Hunan University of Humanities Science and Technology / Department of Chinese Meishan Cultural Research Center*, *Loudi*, 417000)

Abstract: The structure of Chinese place names includes common name and special name. As a result of the geographical environment, location words often appear, with some differences in emergence frequency, which shows distinctive geographical colors. Through the comparative study of the names of Hunan Xinhua and Chifeng in Inner Mongolia, the use of location words has north and south differences and reflects the profound influence of the geographical environment on the residents' cognition.

Key Words: Chinese place names; location words; north and south differences; geographical linguistics

认知语言学视阈下《文心雕龙》“思”“意”“言”的关系建构

吴术燕①
（广西民族大学文学院　南宁　530006）

摘　要：“文”与“人”的关系在文学范畴里并不是新鲜论题，创作的主体是人，创作输出为文。创作过程不是单一的、静态的，创作过程会涉及自然语境、社会语境、情感认知等诸多要素。《文心雕龙》的“思”“意”“言”是创作的有机组成部分，我们拟以认知语言学的理论知识为基础，以认知框架为出发点，解析刘勰《文心雕龙》中的“思”“意”“言”的构成及三者的关联。

关键词：思；意；言；认知

一、引言

南朝文学理论家刘勰的《文心雕龙》是对后世影响深远的文学理论专著，《文心雕龙》对中国的文学领域、美学领域、修辞学领域都有重要影响。《文心雕龙》全书共10卷50篇，包括《原道》《征圣》《宗经》《正纬》《辨骚》《明诗》《乐府》《诠赋》《颂赞》《祝盟》《铭箴》《诔碑》《哀吊》《杂文》《谐谶》《史传》《诸子》《论说》《诏策》《檄移》《封禅》《章表》《奏启》《议对》《书记》《神思》《体性》《风骨》《通变》《定势》《情采》《熔裁》《声律》《章句》《丽辞》《比兴》《夸饰》《事类》《练字》《隐秀》《指瑕》《养气》《附会》《总术》《时序》《物色》《才略》《知音》《程器》《序志》。“文”与“人”的关系、“心”与“物”的关系、“意”与“言”的关系在《文心雕龙》中已有体系性的阐释，张少康（1985）先生指出，《文心雕龙》强调文学创作过程中主客观的有机统一；王运熙（2005）先生指出，《文心雕龙强》强调文质结合。本文着意于从认知语言学角度审视《文心雕龙》的“思”“意”“言”，尝试为文学创作和文学鉴赏提供认知分析视角。我们以《神思》《物色》《体性》《情采》《风骨》五篇为研究基础来探讨“思”“意”“言”的认

① 作者简介：吴术燕，博士，广西民族大学文学院副教授，国家级普通话水平测试员，研究方向为汉语修辞学、语用学、普通话教学。

知建构。《神思》讨论作家的思维活动，《物色》讨论现实情境与文学创作的关系，《体性》讨论作家和作品表现的关系，《情采》讨论内容与语言表现形式的关系，《风骨》讨论作品风格。《文心雕龙》的这五篇能够展现“思”“意”“言”的建构与交织。

二、《文心雕龙》中的“思”

《文心雕龙·神思》中说：“文之思也，其神远矣。”① 意思是说，作家在构思的时候，思维活动是无边无际的，具有很强的延伸性。在传统解读中，“思”涉及的是主体与客体的关系问题，“思”的对象是客体，“思”的主体是人，客体可以统括为“物”，因此“思”既离不开“人”，也离不开“物”，“思”蕴含了“心物关系”。《文心雕龙·神思》中阐释了心物关系：“神用象通，情变所孕。物以貌求，心以理应。”意思是说，作家的思维活动和世界中“物”的具象结合，构成作品的内容。世界万物以它们不同的形貌来触动作家，作家内心根据一定的规律产生相应的精神活动。也就是说，以作家的“思”为桥梁，创作的主体和客体得到了统一。在《文心雕龙·神思》这一篇，刘勰讨论的是作家的思维活动，从认知心理学的视角出发，作家的这种思维活动也是信息加工的过程。袁毓林（2014）在《语言的认知研究和计算分析》这本著作中详细论述了信息加工观点，“在智能的研究上，认知心理学采取计算模拟以及其他实验方法来探索人类心智的一般的工作原理。认知心理学认为人的动机在表现为意识之前要经历一系列的转变、改造和处理，就像通信过程需要将信号进行编码和译码一样。因此，可以把人看作是一个信息加工系统，人与环境和其他认知主体之间有着信息交流的关系。信息在进入认知主体之后又会经历被转换、简约、合成、存储、重建、再现和使用等加工过程”②。作家的思维活动是多样的、复杂的。春风吹过，就可能触动作家的情志，让作家在春风里嗅出春的味道。作家的思维活动离不开“客体”，即“物”。在作家的思维活动中，作家的感官、情绪、物象信息，甚至作家的性情、经历等因素都交织在一起。

（一）“思”的现实对象“物”

下面我们来谈谈客体对象“物”，《文心雕龙·神思》中说，“物以貌

---

① 本文援引的《文心雕龙》的原文例句皆来自王运熙、周锋的《文心雕龙译注》（上海古籍出版社，2010），后文不再一一标注。

② 袁毓林．语言的认知研究和计算分析［M］．北京：商务印书馆，2014：11.

求”。“物”的形态可以触发作家的情思。张少康先生指出，《文心雕龙》所讲“物”的含义是并不完全一致的。《物色》篇中的“物”主要指自然事物，而《明诗》篇中的“物”则是包括社会生活在内。他认为，“物以貌求”，是说客体以其多种多样的姿态摆在艺术家的面前，请求艺术家来选择他所认为合适的部分，与之相契合，加以再现。①

从认知角度来看，我们不妨把“物”理解为现实世界，与人类的认知世界相对应，包括自然语境和社会语境。“物”并不是纯粹的客观世界，“物”是人类认知的对象，缺失了“人”这一关键的参与角色，“物”即失去意义。从这个角度来观照，客体“物”并不是请求作家来选择，而是在大背景中凸显，引起了作家的注意。如同图1，“花瓶”还是“人脸”取决于选择哪个部分作为背景、哪个部分作为主体。

图1　鲁宾的面孔②

在文学作品中，“物”的识解是动态性的。“感时花溅泪，恨别鸟惊心”，此花此鸟，在诗人为一物，在读者为另一物，当然，这里的意思并不是说，有一千个读者就有一千个哈姆雷特，而是强调“物”总是活动在

① 张少康.《文心雕龙》的物色论——刘勰论文学创作的主观与客观［J］. 北京大学学报（哲学社会科学版），1985（5）：94，97.

② 图片来自百度百科。

我们的认知思维中，我们对“物”的识解离不开认知经验和世界百科知识。作家的思维中有“物”，接受者的思维中也有“物”。

（二）认知域“理”

张少康先生认为，“心以理应”，则是指主体按照其内含之理来与之呼应，和物貌中最能体现其心之理者融合为一，“从研究刘勰论创作中心物关系的角度来说，此‘理’字至关重要。在‘物以貌求，心以理应’两句中，‘理’字乃是与‘貌’字相对应的。‘物’之‘貌’，‘心’之‘理’，互相默契。则此‘理’字，既是‘心’之‘理’，亦是隐藏于‘貌’中的‘物’之‘理’”，并强调，“刘勰与苏轼、王夫之所说的‘理’，一从主体而言，一从客体而言，角度不同，但其实质是一致的，都是要求达到主体之‘理’是与客体之‘理’的一致”。①

那么什么是主体的理？什么是客体的理？主体之理与客体之理是怎么达到一致的？

同样，从认知角度来看，“理”对应于人类的认知世界，是认知域或者是认知模型。“对于我们日常生活所遇到的种种现象，我们已经体验并储存了大量的相互联系的语境，这是经得起推敲的。认知范畴不仅依靠它置身于其中的直接语境，而且依赖与直接语境相联系的整个语境集束。所以，拥有一个涵盖属于某一领域的所有储存起来的认知表征的术语，是相当有用的。我们将用认知模型这个术语来指称这些知识基础。”②“客体的理”为情境，“主体的理”为语境，这里的“情境”与“语境”皆是认知语言学领域中的概念，不同于我们传统的理解，“情境”是物体之间的互动，“语境”是范畴之间互动的认知表现。

三、《文心雕龙》的“意”

“意”的外延很广泛，在这里，我们把“意”界定为“情”，从创作的角度讲，“情”必然要包括创作主体自身的性情和由外物所触发的情感，前者对作品语言风格有很大影响，这一点我们放到第四部分“言”中来探讨；后者则是一种心理现象，情景生情境。《文心雕龙·神思》中说：“登山则情满于山，观海则意溢于海，我才之多少，将与风云而并驱矣。”人

---

① 张少康.《文心雕龙》的物色论——刘勰论文学创作的主观与客观［J］.北京大学学报（哲学社会科学版），1985（5）：97.

② 弗里德里希·温格瑞尔，汉斯－尤格·施密特.认知语言学导论［M］.2版.彭利贞，许国萍，赵微，译.上海：复旦大学出版社，2009：53.

能以物喜以物悲，外在环境对人的心灵有触动作用，这在《文心雕龙·物色》中有极好的表述："春秋代序，阴阳惨舒；物色之动，心亦摇焉。盖阳气萌而玄驹步，阴律凝而丹鸟羞；微虫犹或入感，四时之动物深矣。若夫珪璋挺其惠心，英华秀其清气，物色相召，人谁获安？是以献岁发春，悦豫之情畅；滔滔孟夏，郁陶之心凝；天高气清，阴沈之志远；霰雪无垠，矜肃之虑深。岁有其物，物有其容；情以物迁，辞以情发。一叶且或迎意，虫声有足引心，况清风与明月同夜，白日与春林共朝哉！"大意是说，四季的变化会影响到人的情感，寒冷使人觉得沉闷，温暖使人觉得舒畅；四季景物的不同变化会影响人的情感，春夏秋冬四季气候的不同变化，四时景物的不断变化，都会触动人们的情感。情感即作品思想内容的核心展现。

从表达角度看，"意"即"兴"，以外物触发情感，使得意象再现，"兴"是"意"的重要表现手法。例如《诗经》中的"桃之夭夭"，喻女子正当时，《十三经注疏·毛诗正义》对此作了详细的解说："毛以为少壮之桃夭夭然，复有灼灼然。此桃之盛华，以兴有十五至十九少壮之女亦夭夭然，复有灼灼之美色，正于秋冬行嫁然。是此行嫁之子，往嫁于夫，正得善时，宜其为室家矣。"[①] 反之，通过表达方式，我们可以窥测"意"的生成，什么样的景象触发什么样的意象，这是一种隐喻的思维方式，"情感概念是由和生理结果的转喻联系构建的。受这些转喻的触发，隐喻联系由具体的基本层次概念建立，这一点对情感的概念结构也有很重要的作用"[②]。我们举一例来说明，杜牧《阿房宫赋》有这样几句："歌台暖响，春光融融；舞殿冷袖，风雨凄凄。一日之内，一宫之间，而气候不齐。"歌舞盛处，春光融融，无歌舞处，则风雨凄凄。"春光"与"风雨"的意象同主观感知紧密结合，突出表现了歌舞盛与无的差别。

四、《文心雕龙》的"言"

对于"言"来说，我们在这里强调的是风格，刘勰在《文心雕龙·体性》中提出"八体"："一曰典雅，二曰远奥，三曰精约，四曰显附，五曰繁缛，六曰壮丽，七曰新奇，八曰轻靡。典雅者，镕式经诰，方轨儒门者也；远奥者，馥采曲文，经理玄宗者也；精约者，核字省句，剖析毫厘者也；显附者，辞直义畅，切理厌心者也；繁缛者，博喻醲采，炜烨枝派者

---

① 李学勤. 十三经注疏·毛诗正义：上［M］. 北京：北京大学出版社，1999：47.

② 弗里德里希·温格瑞尔，汉斯－尤格·施密特. 认知语言学导论［M］. 2版. 彭利贞，许国萍，赵微，译. 上海：复旦大学出版社，2009：162.

也；壮丽者，高论宏裁，卓烁异采者也；新奇者，摈古竞今，危侧趣诡者也；轻靡者，浮文弱植，缥缈附俗者也。故雅与奇反，奥与显殊，繁与约舛，壮与轻乖，文辞根叶，苑囿其中矣。”刘勰所说的八体就是八种语言风格，刘勰的“八体风格论”尽管已经涉及创作主体的因素，但侧重于对文本的静态勾勒，我们今天对语言风格的关注已经呈现出动态化的特点，在对生成文本的静态关注的同时，注重考察创作主体的创作动因及心理动因等因素。黑格尔在《美学》中说，风格一般指的是个别艺术家在表现方式和笔调曲折等方面完全见出他的个性的一些特点。黑格尔的“风格论”强调了创作者的个性化症候，对于我们今天对“风格”的内涵的理解具有建构作用。当今学界对语言风格的界定尚有争论，我们列举几个观点：

表1　相关学者对语言风格的界定①

学者	关于语言风格的核心观点
吴礼权	主要是书面作品在运用现代汉民族共同语表情达意过程中为了适应某种特定的题旨情境、企及某种特定的修辞目标而经常运用某些语言手段所体现出来的某种言语格调、风貌
黎运汉	语言风格是人们言语交际的产物，是交际参与者在主客观因素制导下运用语言表达手段的诸特点综合表现出来的气氛和格调，它涵盖表现风格、语体风格、民族风格、时代风格、地域风格、流派风格和个人风格等
丁金国	风格是人们使用语言进行交际时所形成的交际话语（包括口头和书面两种形式）的内在本质的外显形态。所谓“内在本质”概括了话语形成过程中，受制于外在客观条件的表达主体对话语客体所注入的内在精神。所谓“外显形态”，不是指语言系统本身，而是指由话语的语义结构所宣泄出来的为具备相近主客观条件的交际参与者所共识的气氛或格调。可见，风格是一种附丽于信息结构之上的意义结构，其存在方式是：话语→语义结构（信息结构）→风格
郑远汉	风格是一系列语言特点的综合
王焕运	语言风格反映一种文化层次和心理状态，表现对客观世界的认识取向，给人以美的感受，是美学范畴内的一种观念形态

① 援引的各学者观点的文献在正文后参考文献中列出，不在正文中一一注释。

从语言学家对“风格”的界定中，我们可以知道，风格不仅是文本特点的概括性体现，同时也蕴含创作主体以及受众的认知体验。创作主体的性情对语言风格有重要的影响，刘勰已经认识到这一点，在《文心雕龙·体性》中也有表述：“若夫八体屡迁，功以学成。才力居中，肇自血气。气以实志，志以定言，吐纳英华，莫非情性。是以贾生俊发，故文洁而体清；长卿傲诞，故理侈而辞溢，子云沉寂，故志隐而味深；子政简易，故趣昭而事傅；孟坚雅懿，故裁密而思靡；平子淹通，故虑周而藻密；仲宣躁锐，故颖出而才果；公干气褊，故言壮而情骇；嗣宗俶傥，故响逸而调远；叔夜俊侠，故兴高而采烈；安仁轻敏，故锋发而韵流；士衡矜重，故情繁而辞隐。触类以推，表里必符，岂非自然之恒资，才气之大略哉！”刘勰的这一段表述，基本上可以用“文如其人”这四个字来概括，作家的性情直接影响作品的语言风格，正如文中所举的例证：贾谊性格豪迈，因此作品语言简洁、风格清新；司马相如性格狂放，因此作品说理夸张、辞藻繁多；扬雄性格沉静，因此作品内容含蓄；刘向性格坦率，因此作品题旨明显；班固性格雅正、温和，因此作品文思细致；张衡性格深沉通达，因此作品思虑周达；王粲性情急躁、才识敏锐，因此作品锋芒显露；刘桢性格狭隘急遽，因此作品语言表达有力度、令人惊骇；阮籍性格放逸不羁，因此作品不同凡响；嵇康性格豪爽，因此作品语言犀利；潘岳性格轻率、敏捷，因此作品文辞锐利、流畅；陆机性格庄重，因此作品内容繁杂、语言隐晦。

我们在这里需要强调的是，语言风格是双向的，正如同一枚硬币的正反面，首先，离不开创作主体作家及其在文本中的语言表达；其次，也不能离开接受者的认知，即受众的解读，受众对文本语言风格的识解是不应该被忽略的。通过文本，或者说是通过语言形式，作家抒发情志，接受者也要调动个人知识储备与阅读经验完成文学鉴赏和审美体验。

五、《文心雕龙》中“思”“意”“言”三者的有机统一

《文心雕龙·神思》中有两个语段能够体现“思”“意”“言”之间的关系建构。“是以意授于思，言授于意。密则无际，疏则千里。”这几句话的大意是说，作品的内容源自作家的思维活动，作品的语言受作品内容的支配。两者结合密切就会达到天衣无缝的效果，反之则会产生相差千里的效果。也就是说，作家的思维活动推动“意”的抒发。“故思理为妙，神与物游。神居胸臆，而志气统其关键；物沿耳目，而辞令管其枢机。枢机方通，则物无隐貌；关键将塞，则神有遁心。”这也是《文心雕龙·神思》

中的一个语段，这一语段的意思是说，构思作品的妙处在于使作家的思想精神与现实世界中的“物”融会贯通。作家内在的思想精神主要通过人的情志和气质体现出来；“物”触动作家的感官，主要是依托优美的语言表达出来。如果语言运用得好，那么“物”的形貌就能够完全被描写出来；若是情志阻塞，那么作家的思想精神就离散了。也就是说，“思”推动“意”与“言”的融会贯通。

从上引《文心雕龙·神思》中的这两段话，我们知道“思”“意”“言”三者要协调好，才会有优秀的作品。“是以联辞结采，将欲明理。采滥辞诡，则心理愈翳。固知翠纶桂饵，反所以失鱼，‘言隐荣华’，殆谓此也。是以‘衣锦褧衣’，恶文太章；《贲》象穷白，贵乎反本。夫能设模以位理，拟地以置心，心定而后结音，理正而后摛藻；使文不灭质，博不溺心，正采耀乎朱蓝，间色屏于红紫，乃可谓雕琢其章，彬彬君子矣。”这是《文心雕龙·情采》中的一段话，《文心雕龙·情采》讨论的是文学作品形式与内容的关系，上述这段话的大意是说，作品语言的表达是要阐明事理。如果语言表达浮泛诡异，作品的内容就不明确。作品中的思想情感确定了，才能用合适的语言来表达。这段话非常好地阐释了“意”与“言”的关系。

王运熙先生在谈“风骨”时说：“风指风清，即文章思想感情表现的明朗性；骨指质素而劲健有力的语言。风和骨是两个概念，分别代表两个对文学作品应具有高风格的要求。但风和骨二者又有密切的联系，这不但因为风骨二者都是作者的气质和思想、感情特色的表现，而且因为思想感情表现的明朗性与语言的质素而劲健有力常常是互相联系着的，某些丽藻纷披的作品，不但语言华而寡力，迂缓拖沓，而且思想感情的表现也常常是晦昧而不明朗的。这就是风和骨二者所以紧密结合起来当作一个统一的要求被提出的原因。”① 由王运熙先生的表述，我们也可以把“风”归为“意”，“骨”归为“言”，风骨紧密结合，即是“意”与“言”紧密结合，而“思”当然是必不可少的，“思”“意”“言”是创作的统一整体，也是创作的基础要素，我们在文学创作中探知认知与情感及其表现、表达的方式。如果我们用图示的方式展现，三者的关系总结见图 2：

① 王运熙.《文心雕龙》风骨论诠释［J］. 学术月刊，1963（2）：47-48.

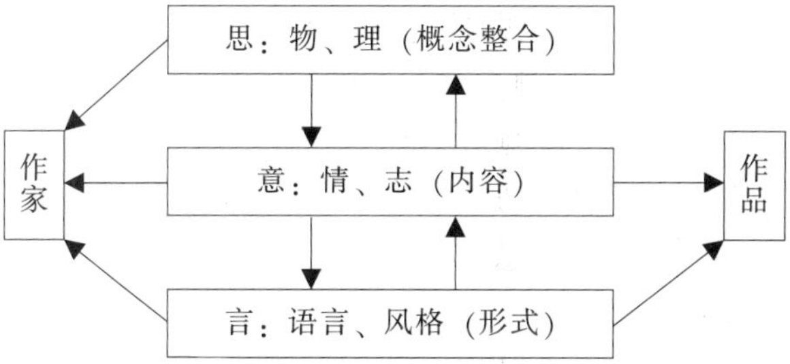

图2 “思”“意”“言”的关系

福克尼是美国语言学家，提出了心理空间理论，他认为心理空间是一种认知结构。“Fauconnier replaces the notion of a possible world with that of a mental space, and argues that the mental space is a cognitive structure.”① 认知空间通过映射相互联系。根据图2以及福克尼（Fauconnier）的心理空间整合理论，我们不妨作以下设定：“思”是整合空间，“物”是现实空间，“理”是类属空间，“意”是“情感空间”，“言”是表达空间。“物”“意”向“思”输入，向“言”输出，“思”“意”“言”紧密联系，交相映射，构成统一的整体。文学构思也是认知空间的建构，突出体现在“心物交感”，“山沓水匝，树杂云合。目既往还，心亦吐纳。春日迟迟，秋风飒飒。情往似赠，兴来如答”。《文心雕龙》中的这一赞，被纪昀称为第一，是心物交感的最佳境界。《文心雕龙》以“心物交感”为自然，“人禀七情，应物斯感，感物吟志，莫非自然”。心物交感，即现实空间与心理空间的映射，是创作感知的基础，文学构思是虚拟空间与现实空间交相应和。

参考文献

1. 丁金国．语体风格认知与解读［M］．香港：香港文化教育出版社，2006.
2. 黎运汉．1949年以来语言风格定义研究述评［J］．语言文字应用，2002（1）．
3. 李学勤．十三经注疏·毛诗正义：上［M］．北京：北京大学出版社，1999.
4. 王焕运．汉语风格学简论［M］．石家庄：河北教育出版社，1993.
5. 王运熙．《文心雕龙》风骨论诠释［J］．学术月刊，1963（2）．
6. 王运熙．《文心雕龙》的艺术标准［J］．文学遗产，2005（5）．
7. 王运熙，周锋．文心雕龙译注［M］．上海：上海古籍出版社，2010.
8. 吴礼权．现代汉语修辞学［M］．修订版．上海：复旦大学出版社，2012.
9. 杨明．文心雕龙精读［M］．上海：复旦大学出版社，2007.

① 克罗夫特，克鲁斯．认知语言学［M］．影印本．北京：北京大学出版社，2006：33.

10. 袁毓林．语言的认知研究和计算分析［M］．北京：商务印书馆，2014.

11. 张少康．《文心雕龙》的物色论——刘勰论文学创作的主观与客观［J］．北京大学学报（哲学社会科学版），1985（5）．

12. 郑远汉．修辞风格研究［M］．北京：商务印书馆，2004.

13. 弗里德里希·温格瑞尔，汉斯－尤格·施密特．认知语言学导论［M］．2版．彭利贞，许国萍，赵微，译．上海：复旦大学出版社，2009.

14. 克罗夫特，克鲁斯．认知语言学［M］．影印本．北京：北京大学出版社，2006.

15. 法康尼尔．心理空间——自然语言意义建构面面观［M］．北京：世界图书出版公司，2008.

The Relationship Construction of "Thinking", "Meaning" and "Speech" in *Wenxindiaolong* from the Perspective of Cognitive Linguistics

Wu Shuyan

(*College of Arts*, *Guangxi University for Nationalities*, *Nanning*, 530006)

Abstract: The relationship between "text" and "human" is not a new topic in the field of literature, the subject of writing is human, and the output is text. The writing process is not single and static, but involves many elements such as natural context, social context and emotional cognition. The "thinking", "meaning" and "speech" in *Wenxindiaolong* are related coordination in the writing process. Based on the theoretical knowledge of cognitive linguistics and starting from the cognitive framework, we intend to analyze the connotation of "thinking", "meaning" and "speech" in Liu Xie's *Wenxindiaolong* and their relation.

Key Words: thinking; meaning; speech; cognitive

学术评论

《汉语名词铺排史》序

马庆林[①]
（南开大学文学院　天津　300071）

我跟吴礼权教授交往30年，可以分为两个阶段：第一个阶段是神交时期，大约是20世纪80年代末至90年代末。在这个阶段，我通过读他的论著了解了他的学问与才华。当年的学术杂志与学术著作都没有作者简介，我与他未曾谋面，仅读他的论著并不能知道他的背景，以为他比我年长，至少年龄也得跟我差不多吧。那时，因为常在复旦大学编辑的《修辞学习》杂志（中国唯一的修辞学期刊）、《复旦学报》等刊物上读到他的论文，还常看到中国人民大学报刊复印资料《语言文字学》《心理学》《中国古代近代文学研究》转载他的学术论文，尤其是《语言文字学》转载了他很多篇论文，有时甚至一期转载他两篇论文，所以，当时我就感到这个人学问不简单。加之他的论著文笔老到、思想深刻，怎么能想到他当时只不过是个二十多岁的复旦青年才俊呢？后来跟他说起此事，他笑了，才知道有这种感觉的不止我一个人，而是有很多，甚至有读者给他写信，称他为老先生。第二个阶段是深交时期，始于1998年直至今日。说到我跟礼权教授的深交，那真是缘分。那年8月，中国修辞学会第九届年会在南开大学召开。我是这次会议的主要承办人，又因为南开大学的修辞学课程从陈坚先生退休以后一直由我负责，当时已有18年之久，所以，当时学会领导要我在大会上也作一个学术报告，记得是《从〈国际歌〉看修辞的民族特色》。大会按照国际会议的做法，除了主持人，也设评议人，我的报告评议人正是复旦的青年才俊、中国修辞学第一位博士学位获得者吴礼权先生。在大会上听礼权教授发言，这是第一次；由以往神交的想象到现实的面对面，这也是第一次。他在大会上对我报告的评议给我留下了深刻印象，他在分组报告会上的报告《委婉修辞的语用学阐释》，留给我的印象则更为深刻。从此以后，我们的来往便日益密切起来，时常在修辞学会议上相见或是互通音信。互相切磋交流得越多，读他的学术论著越多，我对他的了解也就越深，越发敬佩他治学的严谨与刻苦，越发了解他学术研究

① 作者简介：马庆林，北京大学文学硕士，南开大学教授、博士生导师，西南交通大学特聘教授，西南科技大学特聘教授，中国修辞学会原会长（第九届），中国语文现代化学会原会长，现任中国修辞学会终身名誉会长。

成果的前沿性，认同其学术理念，了解他的研究成果在中国语言学界特别是中国修辞学界有重要影响的深刻原因。基于对礼权教授的了解，2016 年我在为他所著《言语交际与人际沟通》第二版的序中对他的情况作了这样的概括："吴礼权教授是语文学界海内难觅的奇才，是中国修辞学的第一位博士学位获得者，2014 年被选为中国修辞学会会长。吴礼权教授的古汉语功底非常深厚，中国古典文献与中国古代文学方面的造诣卓尔不群，同辈望尘莫及，许多前辈学者也自叹弗如。礼权教授还谙熟英语与日语，熟知东西方语言学与文学研究的前沿领域。这种独特的知识结构使他写出《中国语言哲学史》《中国修辞哲学史》《中国笔记小说史》《中国言情小说史》等拓荒之作，成为这四个学术领域的开拓者与分支学科奠基人。他在修辞研究领域的突出成就在学界人所共知。"

原来，我自以为对礼权教授的情况是了解得很多的，对他是知之甚深。没想到，这次读到他皇皇七十余万言的《汉语名词铺排史》的书稿，并认真研读了书稿的后记，这才意识到礼权教授治学的严谨与刻苦程度远远出乎我的想象。我从这部书稿的后记知道，这部学术专著是其 21 年持续不懈潜心研究的结晶。实际上，是花了 23 年时间。因为《汉语名词铺排史》修改定稿交到出版社后，他又进行了后续研究，写出了有关日语中的名词铺排的论文，就是呈现于本书附录部分的长文：《日汉对比视角下日本文学作品中的名词铺排》，刊登于《北华大学学报》（社会科学版）2019 年第 6 期。

众所周知，跟印欧语系或其他语系诸语言相比，汉语语法确实有其自身的特点，有些语法现象恐怕是其他任何语言都不会有的。比方说，名词铺排现象就是其中之一。汉语名词铺排现象可以说既是语法现象，又是修辞现象，汉语修辞学界有学者把它立为一格，名曰"列锦"。不过，对于这样一种非常重要的语言现象，汉语研究界无论是语法学者还是修辞学者，对它的研究都是不够的。语法学界对汉语名词铺排现象的讨论，就我视野所及，似乎很少见。至于修辞学界，也只是个别著作中有"列锦"一格，举了一些例子，有一点说明而已。再深入一些的研究，就看不到了。礼权教授敏锐地发现汉语中的名词铺排现象是值得研究的学术富矿，大有深入开掘探讨的价值。加上他早年师事濮之珍教授（原中央大学胡小石先生和北京大学魏建功先生的弟子），攻读语言学理论，专业方向是中国古代语言学史，有深厚的古文基础。硕士毕业留校在复旦大学古籍整理研究所工作，跟随著名古典文学专家章培恒教授编纂《全明诗》并学习考据之学，同时受章培恒先生影响，从事中国古典小说研究，在中国古典文学研究方面有不少成果。正因为有这样的背景和基础，礼权教授觉得自己比其他汉语修辞学研究者更具备系统研究汉语名词铺排史的条件，所以他在1996年完成了其修辞学的力作《修辞心理学》之后，就毅然决然地将全部的精力投入汉语名词铺排史的研究中。关于这一点，礼权教授在书稿的后记中有一段“夫子自道”：“汉语名词铺排是一种非常特别的语言现象，既是语法问题，也是修辞问题。我之所以选定这个选题进行长期而艰巨的工作，是基于我个人这样一种认识：对汉语名词铺排现象进行系统的研究，既有补于汉语史研究的系统工程，更有助于汉语修辞史大厦的建立。汉语修辞史的研究是汉语史研究的重要一环。因此，跟汉语史研究中的语法史、语音史、词汇史一样，作为汉语修辞史中重要一环的汉语名词铺排史，一切结论都需建立在对浩如烟海的古代典籍的调查与相关语料细致爬梳的基础之上，不是一般没有耐性的学者可以为之的，当然更不是没有中国古典学术功底的学者可以胜任的。我自知自己是一个极有耐性的人，也认为自己有阅读中国古代典籍的功底，因此在明知此项工程浩大而艰巨的情况下，毅然决然地决定要将汉语名词铺排史研究进行下去。”

正因为有这样的认知和学术担当，礼权教授面对困难没有退缩，而是迎难而上。他先是细读了逯钦立先生所编《先秦汉魏晋南北朝诗》，通过地毯式搜索其中的名词铺排文本，不仅考证出了汉语名词铺排现象的源头，而且厘清了先秦汉魏晋南北朝诗歌中名词铺排的结构类型及其演变轨迹。在此基础上，他又接着细读了清人彭定求等所编《全唐诗》中的全部诗歌作品及其附录的唐五代词，对隋唐、五代时期所存留的全部诗词作品中的名词铺排情况进行了详细调查，并且分析归纳了其结构类型。然后，再接再厉，又继续将研究往前推进。通过细读当代学者徐征等编辑的《全元曲》（共12卷，河北教育出版社，1998年），对现存元曲中的名词铺排情况进行了全面的调查，从而对元曲中的名词铺排结构类型及其演变发展的轨迹有了清楚的把握。再接着，他又以当代学者薛瑞兆、郭明志编纂的《全金诗》（全4册，南开大学出版社，1995年）为对象，对现存金诗中的名词铺排情况进行详细的调查研究。之后，又以清人顾嗣立所编《元诗选》（包括初集、二集、三集，初集68卷，二集26卷，三集16卷，中华书局，1987年）为调查对象，对其所收元诗的名词铺排情况进行细致的考察分析，取得了对元诗名词铺排情况的发言权。

以上这些工作，都需要极有耐心和极其细心，同时需要旷日持久的坚持才能完成。对于一般学者来说，几乎是不可想象的。但是，礼权教授不畏艰难，最后都一一圆满完成了任务，并把研究成果写成了一系列学术论文发表出来。完成了这些之后，他又继续拓展研究范围，利用早年研究过中国古典小说的经历，对唐代小说进行了全面的调查，由此对唐代小说中的名词铺排情况有了全面的把握。之后，礼权教授又对赋体作品中的名词铺排情况进行调查。根据他在书稿后记中的介绍，我们得知他是以《昭明文选》为调查的基本依据，同时结合了其他未收入《昭明文选》的赋体作品进行调查。很明显，这种调查是具有权威性的，其对古代赋体作品的名词铺排情况的把握是可靠的。至于对宋明清三代诗词中名词铺排情况的调查，礼权教授采用的是定量统计分析法。之所以不再采取穷尽性的调查方法，是因为这三个朝代距今较近，留存的诗词数量庞大，短时间内无法完成穷尽性调查，而书稿的出版是有时间规定的。为此，礼权教授在后记中再三提及，并引以为憾。不过，我倒是觉得，他采用定量统计分析法是合适的，对于结论的科学性与权威性是没有多大影响的。我之所以这样说，是基于这样两个理由：第一，定量统计分析法是世界学术界通行的先进科学的研究方法，对于研究结论的科学性与权威性是有保证的，这是学术界都认同的观点。第二，诗词是韵文作品，在字句篇章上都有一定的限制，不同于小说、散文等散体文学作品，因此诗词中的名词铺排文本在结构类型上的创新空间就不是无限的。诗歌发展到宋明清时期，已经不是其鼎盛时期了，其在名词铺排结构类型上的创新空间也不大了。因此，以清人朱彝尊所编《词综》、清人沈德潜等所编《明诗别裁集》《清诗别裁集》并结合今人所编的诗词选本为调查对象，通过对代表作家的代表作品的调查，把握名词铺排结构类型在这三个时期诗词中的基本情况，完全是能得出比较可靠的结论的。

如果说调查古代文学作品中的名词铺排情况不易，那么调查现代文学作品中的名词铺排情况就更难了。因为近现代文学作品的数量更大，调查的范围无限广泛。因此，要获得足够的第一手材料，就不仅需要耐心，还需要用心，要有“大海中捞针”的智慧。比方说，在近现代小说、散文中寻找名词铺排的材料，就是非常艰难的一件事。但是，我们惊奇地发现，礼权教授在《汉语名词铺排史》第七章第二节、第三节描写近现代散文、小说作品中的名词铺排结构类型时，所呈现的例证是那么丰富多彩。那么，为什么礼权教授能够在别人不可能搜集到名词铺排文本的近现代散文、小说中搜集到如此丰富的例证呢？这就跟礼权教授“大海中捞针”的智慧有关。因为礼权教授不仅是研究修辞学卓然有成的修辞学家，还是在修辞实践上有卓越成就的作家，在历史小说《镜花水月：游士孔子》《易水悲风：刺客荆轲》《远水孤云：说客苏秦》《冷月飘风：策士张仪》《道可道：智者老子》《化蝶飞：达者庄子》的创作中积累了丰富的体验，取得了突出的成就，所以他懂得作家的心，知道在什么样的作家、什么样的作品中能够发现名词铺排文本，因而有的放矢，迅速搜集到了丰富的名词铺排文本。礼权教授著作中搜集到的穆时英、巴金、王蒙等作家作品中大量的名词铺排文本，正是他“大海中捞针”的智慧体现。

《汉语名词铺排史》是一部汉语修辞史的学术专著，也是一部汉语史的学术专著。众所周知，无论是汉语修辞史，还是汉语史的研究，最根本最关键的是材料。因为材料是支撑观点与结论的基础，没有足够、全面、可靠的材料，史就不能成为史。通读《汉语名词铺排史》全稿以及后记，我们就可以清楚地知道，礼权教授写这部专著倾注在材料上的功夫有多大。我可以毫不夸张地说，在当今中国学术界，像礼权教授这样肯以23年时间坐冷板凳，在材料上舍得下死功夫的学者几乎是难得一见的。正因为如此，我们今天很难见到像《汉语名词铺排史》这样扎实严谨的学术专著。历史证明，任何类型的史书，没有信实、丰富的材料，都是难以成为史书的，更是难以藏之名山而传之久远的。但是，我相信，礼权教授的这部《汉语名词铺排史》是可以藏之名山而传之久远的，因为他做了扎实严谨的材料工作，书中翔实可靠的材料足以支撑其对汉语名词铺排演进史描写的相关观点和结论。

写到这里，我还想说一句内心真实的感受。我认为，礼权教授这部《汉语名词铺排史》的出版，其意义不仅在于它有填补汉语修辞史研究空白的价值，有为构筑汉语史完整体系的大厦奠基固础的作用，还在于能让我们从中得到一种启发：学术研究特别是语言学研究，是非常艰苦的工作，只有痴迷于斯，沉潜于其中，并能乐在其中，才能不以为苦，最终取得突破性的成就。

礼权教授在后记中说，这部《汉语名词铺排史》倾注了他21年的心血，他谦虚地说，对于这部《汉语名词铺排史》能否成为他学术生涯中的“地标性”作品，还没有信心。其实，只要我们看看书中他对不同历史时期汉语名词铺排结构形态及其演变轨迹的描写有多么细密，看看其理论阐释有多么深刻，就能知道他所付出的努力有多大。通读了礼权教授的全部书稿，我真切地认为，这部《汉语名词铺排史》不仅称得上是他学术著作中的扛鼎之作，可以成为他学术生涯中的“地标性”作品，而且可以视为代表当今汉语语言学特别是汉语修辞学最高水平的标志性成果。事实证明，也确是如此。2019年1月30日，国家出版基金规划办公室公布了2019年度国家出版基金资助项目立项名单，礼权教授的《汉语名词铺排史》赫然在列。2019年度获得国家出版基金资助的所有项目中，语言文字类共有21项。其中20项是集体项目，属于丛书、辞典等大型出版物，只有礼权教授的《汉语名词铺排史》1项是个人学术专著。可见，他的这部著作在学术界达到了多高的认同度。能为这样高水平的著作作序，深感荣幸，故乐为之也。

学术动态

中国修辞学会2019年年会暨“修辞创造与汉语发展演进”第7次全国学术研讨会在广西民族大学召开

2019年10月25日至27日，由中国修辞学会与广西民族大学文学院共同主办、广西民族大学文学院承办的“中国修辞学会2019年年会暨‘修辞创造与汉语发展演进’第7次全国学术研讨会”，在广西南宁相思湖畔的广西民族大学召开。来自北京大学、复旦大学、武汉大学、北京师范大学、四川大学、台湾高雄师范大学等全国24个省、市、自治区的48所高等院校的近百名专家学者出席了会议。

10月26日8：30—9：30，大会开幕式举行，由广西民族大学文学院院长韦树关教授主持。广西民族大学副校长李珍刚教授出席会议，并代表会议东道主广西民族大学致辞。李珍刚副校长在致辞中，首先代表广西民族大学对来自全国各地的专家学者表示欢迎，接着根据相关材料概括了中国修辞学会成立近40年来取得的成就，表达了对中国修辞学会将2019年年会交由广西民族大学承办的感谢之意，最后介绍了广西民族大学近年来发展的最新情况与学科建设取得的成就与最新进展。中国修辞学会会长、复旦大学博士生导师吴礼权教授代表学会致辞。吴礼权会长在致辞中，首先向全体与会者报告了此次年会的主旨，然后介绍了大会学术报告与分组报告的安排情况，最后表达了对广西民族大学及其文学院在中国修辞学会2019年年会筹办过程中所给予的大力支持表示感谢，对会务组全体同仁近一年来所付出的辛勤劳动表示感谢。

9：40—12：10，第一场大会学术报告举行。北京大学博士生导师郭锐教授、台湾高雄师范大学高婉瑜教授、武汉大学博士生导师罗积勇教授、北京师范大学孙银新教授、四川大学博士生导师杨光荣教授、复旦大学博士生导师康志峰教授六位知名学者先后发表了专题学术演讲。大会报告分别由复旦大学博士生导师吴礼权教授、武汉大学博士生导师卢烈红教授、西南大学博士生导师张春泉教授、内蒙古赤峰学院副校长德力格尔教授等著名学者担任主持人与学术评议人。这六个学术专题演讲，无论是报告人的报告，还是评议人的评议，都有独到的见解，给人以深刻的启发，受到全体与会学者的普遍好评。

14：00—17：00，五组共十场分组学术报告举行。大连大学文学院院长李索教授、上海大学张新玲教授、大连外国语大学肖莉教授、江苏师范大学杜文霞教授、西华大学文学院副院长杨小平教授、四川轻化工大学陈家春教授、井冈山大学曾海清教授、长沙师范学院科研处处长李永新教授、安阳师范学院张秋娥教授、宜春学院鄢文龙教授、亳州学院郭辉教授等中年学者，内蒙古赤峰学院常晓琴教授、江苏师范大学李敏副教授、广西民族大学吴术燕副教授、云南大学韩芸副教授、广西大学曾薇副教授、华北水利水电大学闫亚平博士、井冈山大学刘禀诚副教授、合肥学院中文系主任杨增宏副教授、宜春学院彭有明副教授、湖南人文科技学院姜珍婷副教授等青年学者，在分组交流讨论中的学术报告都引起了热烈的反响，受到大家的好评。

10月27日8：00—12：10，第二次大会学术报告举行。武汉大学博士生导师卢烈红教授、广西大学外语学院副院长温科学教授、内蒙古赤峰学院副校长德力格尔教授、福建师范大学博士生导师祝敏青教授、江苏师范大学王跃平教授、广西民族大学博士生导师汪业全教授、海南师范大学段曹林教授、西南大学博士生导师张春泉教授等10位知名学者先后发表了专题学术演讲。北京大学博士生导师郭锐教授、复旦大学博士生导师吴礼权教授、北京师范大学博士生导师孙银新教授、武汉大学博士生导师罗积勇教授、复旦大学博士生导师康志峰教授、四川大学博士生导师杨光荣教授、台湾高雄师范大学高婉瑜教授、大连大学文学院院长李索教授等知名学者担任主持人或评议人。这十个大会学术报告，无论是报告人的报告，还是评议人的评议，都体现了各自的学术研究心得与独到的见解，对与会学者具有启迪作用，受到了大家的普遍好评。

12：20—12：40，大会闭幕式举行，由广西民族大学文学院院长韦树关教授主持，广西民族大学党委书记卞成林教授出席并致辞。卞成林书记首先致辞，对本次大会的成功举办表示衷心祝贺，对大会学术研讨的成果表示充分肯定。在致辞中，卞成林书记还以语言学家的身份，从语言研究的视角畅谈了对于修辞学研究的独到看法，受到与会专家学者的热烈共鸣。接着，中国修辞学会副会长、武汉大学博士生导师卢烈红教授代表学会致闭幕词。卢烈红教授在致辞中除了全面总结了本次年会学术讨论的成果之外，还对广西民族大学及其文学院为筹办本届学术年会所付出的努力表示衷心感谢，对会务组同仁的辛勤劳动表示衷心感谢。

会议期间，还召开了中国修辞学会第十一届第二次常务理事扩大会议，讨论了2020年学会年会的准备工作，以及中国修辞学会会刊《修辞研究》的编辑出版情况。增补了大连大学人文学部部长张祖立教授为学会副会长，江西师范大学外语学院院长李勇忠教授为学会常务理事。

（中国修辞学会秘书处供稿）

中国修辞学会2020年年会暨“修辞创造与汉语发展演进”第8次全国学术研讨会以腾讯会议形式顺利召开

由中国修辞学会主办的“中国修辞学会2020年年会暨‘修辞创造与汉语发展演进’第8次全国学术研讨会”，于2020年12月26日（周六）至12月27日（周日）通过腾讯会议形式顺利召开。来自北京、天津、辽宁、吉林、黑龙江、内蒙古、新疆、陕西、甘肃、河北、河南、湖北、湖南、安徽、山东、江苏、江西、四川、云南、贵州、广东、广西、上海、浙江、福建、海南、台湾等全国80余所高等院校的200余位学者会聚云端，共同出席了这场特殊形式的学术盛会。

自2012年开始，中国修辞学会年会坚持每年召开一次，打破了中国修辞学会自1980年成立以来两年召开一次的惯例，极大地鼓舞了中国修辞学界同仁，活跃了修辞学研究的学术气氛，促进了学术交流。自2013年开始，学会年会一直围绕“修辞创造与汉语发展演进”这一主题组织学界同仁撰写论文，通过大会报告与分组报告两种形式开展学术交流，取得了非常好的效果，深受学界同仁赞扬。以“修辞创造与汉语发展演进”为主题的全国性学术会议，是中国修辞学会精心打造的一个连续性学术会议，现已成为学会的一个学术品牌。自2013年以来已经连续举办了8次，都取得了非常好的学术反响。每次会议不仅都能延续前几次的主题，而且能够进一步拓展创新。

2019年10月26日，由中国修辞学会主办、广西民族大学承办的中国修辞学会2019年年会暨“修辞创造与汉语发展演进”第7次全国学术研讨会在广西南宁召开，会议非常成功，得到广大会员的高度赞扬。会后，学会领导班子相关成员便开始筹备2020年年会，确定2020年年会由福建师范大学承办，时间确定在2020年11月中旬。2019年12月初，经过学会副会长、福建师范大学文学院博士生导师祝敏青教授卓越有效的工作，2020年学会年会召开的经费等相关问题就全部落实到位，特邀的国外学者也联络就绪。然而，2020年初开始的新冠肺炎疫情将2020年的学会年会计划彻底打乱。鉴于疫情防控的需要，大规模学术会议不能进入校园举行的现实，经过学会领导班子成员的协商，决定2020年学会年会以目前最通行的远程视频会议形式举行。经过学会秘书处与特别会务组的精心筹备，中国修辞学会2020年年会暨“修辞创造与汉语发展演进”第8次全国学术研讨会于2020年12月26日（周六）至12月27日（周日）以腾讯会议的形式顺利召开。

12月26日（周六）9：00—9：15，会议举行了一个简短的开幕式。开幕式由中国修辞学会副会长兼秘书长、大连大学文学院院长李索教授主持，中国修辞学会会长、复旦大学中文系博士生导师吴礼权教授代表学会致辞。在致辞中，吴礼权教授指出：“中国修辞学会年会自2013年以来，坚持每年召开一次，学界同仁每年都能相聚一次，以文会友，交流切磋学术，其乐融融。这次会议采用线上形式举行，虽然大家不能相聚一处，当面切磋交流学术，但有现代通信技术的加持，我们在云端相聚，仍然能够实现以文会友、交流切磋的预定目标，这也未尝不是一种境界。唐人王勃说：‘海内存知己，天涯若比邻。’只要我们大家彼此心中有朋友，虽远隔万水千山，也恰似欢聚一堂，其乐融融。只要我们大家心中有学术，虽处天南海北，也不妨碍彼此交流切磋。”吴礼权教授还强调指出：“举办学术会议的唯一宗旨，就是以文会友，交流切磋学术，共同提高。前辈学者无私奉献自己的研究心得，后进才俊有机会向前辈学习请益，彼此相互促进，共同促进学术的繁荣。”最后，吴礼权教授还表达了对年轻学人的殷切期望：“先贤有言曰：‘前修未密，后出转精。’我们寄希望于年轻人，所以这次会议专门安排了一个青年学者专场，为年轻人学术提升提供展示自我的舞台。有前辈学者的现场指教，有青年学者的积极展示，相信我们的学术发展一定会如‘滚滚长江东逝水’，奔腾直前千万里。”

开幕式结束后，会议立即转入大会学术报告阶段。两天的会议，共有三场大会学术报告、一场青年学者专题报告。

9：15—12：00，第一场大会学术报告举行。七位著名学者作了专题演讲，分别是：北京大学博士生导师孙玉文教授的《古诗文中引〈诗经〉为典的今注问题》，武汉大学博士生导师卢烈红教授的《黄梅话的比喻动词“活”与“像”》，吉林大学文学院院长、博士生导师徐正考教授的《两汉镜铭吉祥语说略》，北京师范大学博士生导师刁晏斌教授的《百年汉语的回顾与前瞻》，武汉大学博士生导师罗积勇教授的《论实现词的“沉郁”风格的修辞手法》，台湾高雄师范大学高婉瑜教授的《2019年台湾网络流行语初探》，复旦大学博士生导师康志峰教授的《英汉修辞对比研究：屈折性和相融性》。七位学者的大会报告分别由武汉大学博士生导师卢烈红教授、武汉大学博士生导师罗积勇教授、北京大学博士生导师孙玉文教授、吉林大学博士生导师徐正考教授、海南师范大学博士生导师段曹林教授、复旦大学博士生导师吴礼权教授、暨南大学翻译学院副院长陈毅平教授担任主持人兼评议人。11：49—12：00，大连理工大学外语学院院长、博士生导师陈宏俊教授主持了大会报告的讨论互动。

14：00—17：10，第二场大会学术报告举行。八位著名学者作了专题演讲，分别是：西南大学博士生导师杨文全教授的《当代汉语“N水果+人”词族的隐喻认知分析》，大连理工大学外语学院院长、博士生导师陈宏俊教授的《隐喻与隐喻能力研究：现状与展望》，暨南大学翻译学院副院长陈毅平教授的《〈青衣〉英文版修辞研究》，福建师范大学博士生导师祝敏青教授的《语境差——王蒙微型小说的结构策略》，黑龙江大学文学院副院长、博士生导师殷树林教授的《基于语料库的当前我国立法语言中义务情态词“应（当）”和“（必）须”考察——兼论我国立法中积极义务性规范表达的技术规范》，江西师范大学外语学院院长、博士生导师李勇忠教授的《修辞表征、心理表征和审美体验——诗词语篇认知叙事研究三部曲》，大连大学文学院院长李索教授的《上古汉语音顿律节奏构建模式探析》，河北大学国际交流与教育学院院长、博士生导师郭伏良教授的《汉语近义词辨析与选用——以马来西亚华文报刊为例》。八位学者的大会报告分别由北京师范大学博士生导师孙银新教授、复旦大学博士生导师康志峰教授、大连理工大学博士生导师陈宏俊教授、台湾高雄师范大学高婉瑜教授、北京师范大学博士生导师刁晏斌教授、福建师范大学博士生导师祝敏青教授、吉林大学博士生导师徐正考教授、四川大学博士生导师杨光荣教授担任主持人兼评议人。16：56—17：10，北京大学博士生导师孙玉文教授主持了大会报告的讨论互动。

12月27日（周日）9：00—12：00，第三场大会学术报告举行。七位著名学者作了专题演讲，分别是：四川大学博士生导师杨光荣教授的《论“修辞创造”的路线问题（“分析修辞学”讨论之八）》、北京师范大学博士生导师孙银新教授的《现代汉语同形词研究》、广西大学外语学院副院长温科学教授的《话语对接效率与西方社会心理修辞透视》、海南师范大学博士生导师段曹林教授的《唐诗修辞演变的概貌和动因》、辽宁师范大学王振来教授的《比喻修辞的主观性与客观性研究》、安阳师范学院张秋娥教授的《明代唐宋派评点中的文章修辞学内容》、复旦大学博士生导师吴礼权教授的《〈诗经〉比喻修辞实践对中国人审美观形成的深刻影响》。七位学者的大会报告分别由大连大学文学院院长李索教授、黑龙江大学博士生导师殷树林教授、复旦大学博士生导师康志峰教授、安阳师范学院张秋娥教授、北京师范大学博士生导师刁晏斌教授、武汉大学博士生导师罗积勇教授、北京大学博士生导师孙玉文教授担任主持人兼评议人。11：34—12：00，武汉大学博士生导师卢烈红教授主持了大会报告的讨论互动。

14：00—16：30，青年学者专场学术会议举行。会议先由两位青年学者代表进行专题报告，然后其他青年学者在线上进行互动。第一位作报告的青年学者是华北水利水电大学副教授闫亚平博士，报告的题目是《反问“强化立场表达与同一”的修辞本质及其机制》，由福建师范大学博士生导师祝敏青教授主持与评议。第二位作报告的青年学者是湖南师范大学讲师谢元春博士，报告的题目是《新媒介情境下“讽喻”修辞功能的衍变》，由北京师范大学博士生导师刁晏斌教授主持与评议。之后，北京大学博士生导师孙玉文教授主持青年学者专题讨论，青年学者在线上提出问题，各位大会报告的著名学者进行回答。各位著名学者也在线上参与交互切磋，讨论气氛非常热烈。

16：30—17：00，大会举行了一个简短的闭幕式。闭幕式由福建师范大学博士生导师祝敏青教授主持，中国修辞学会副会长、北京大学博士生导师孙玉文教授，中国修辞学会副会长、武汉大学博士生导师卢烈红教授，中国修辞学会副会长、吉林大学文学院院长、博士生导师徐正考教授，中国修辞学会副会长、北京师范大学博士生导师刁晏斌教授先后致辞，或对会议进行了总结，或对今后的工作提出了建议，都对此次会议的成果与会议形式予以了高度肯定。

（中国修辞学会秘书处供稿）

中国修辞学会 2021 年年会暨“修辞创造与汉语发展演进”第 9 次全国学术研讨会以腾讯会议形式顺利召开

2021 年 11 月 6 日，由中国修辞学会主办、华北水利水电大学外国语学院承办的“中国修辞学会 2021 年年会暨‘修辞创造与汉语发展演进’第 9 次全国学术研讨会”采用腾讯会议形式顺利召开。来自北京大学、复旦大学、武汉大学、吉林大学、四川大学、北京师范大学、西南大学等全国 80 多所高校的近百位专家学者与一百多名博士生、硕士生云集线上，共同出席了本次大会。

9：00—9：15，大会举行了一个简短的开幕式。开幕式由中国修辞学会副会长兼秘书长、大连大学文学院院长李索教授主持。华北水利水电大学副校长李仰智教授出席了大会开幕式，并作了热情洋溢的致辞。李仰智副校长首先表达了对各位专家、来宾的热烈欢迎，接着向大家介绍了华北水利水电大学及其外国语学院的发展与人才培养情况，最后希望与会专家学者对华北水利水电大学的学科建设发展多提建议。随后，中国修辞学会会长、复旦大学博士生导师吴礼权教授代表学会致辞，除了对中国修辞学会的发展历史进行了简要介绍外，还总结了中国修辞学会自 2012 年以来不断开拓创新所取得的成绩，对今后学会发展与中国修辞学发展进行了展望。华北水利水电大学外国语学院院长党兰玲教授以及外国语学院部分教师也出席了开幕式。

9：15—12：30，是大会学术报告环节。大会学术报告由八位著名学者担纲，分别围绕修辞学研究的新理念、新视角、新方法予以展开。北京大学博士生导师孙玉文教授以《汉语史学科建设问题》为题，特别指出了汉语修辞的动态发展性和汉语修辞史研究的重要性。武汉大学博士生导师罗积勇教授以《骈赋律赋中隔句对的韵式演变研究》为题，以扎实的个案研究成果呈现了汉语修辞现象研究的思路与方法。复旦大学博士生导师康志峰教授以《语用修辞学视阈下的文化负载词翻译研究》为题，强调指出翻译是“中华文化走出去”和“讲好中国故事”的重要手段，认为这种手段的实现离不开修辞。四川大学博士生导师杨光荣教授以《论修辞学纲领》为题，展望了如何在世界修辞学界构建中国修辞学的话语体系。河北大学博士生导师郭伏良教授从多侧面探析了马来西亚著名华人作家戴小华《忽如归》的语言艺术特色。北京师范大学博士生导师孙银新教授以《现代汉语词汇与通感》为题，归纳了通感修辞手法对现代汉语词的创造和词义发展的重要作用。广西大学温科学教授以《西方话语博弈的修辞逻辑》为题，强调指出当前中国要想掌握在世界舆论场的话语权，首先要在学理上揭开西方舆论的假面具，才能在国际话语博弈场上做令人尊敬的“合格”对手。暨南大学陈毅平教授以《中国文学外译篇章修辞研究——以〈西游记〉两个英译本为例》为题，以个案分析的方式对“中华文化走出去”的必要性和方式方法进行了阐述。八场大会学术报告分别由八位著名学者主持和担任评议人，他们分别是武汉大学博士生导师卢烈红教授、吉林大学博士生导师徐正考教授、北京师范大学博士生导师孙银新教授、大连理工大学博士生导师陈宏俊教授、武汉大学博士生导师罗积勇教授、复旦大学博士生导师康志峰教授、海南师范大学博士生导师段曹林教授、广西大学温科学教授。中国修辞学会副会长、大连大学人文学部部长张祖立教授主持了上午大会报告的提问互动。

14：00—16：45，是小组学术报告环节。两个小组学术报告同步进行，各有七名学者与研究生发言。第一组的七场学术报告分别是：黑龙江大学博士生导师殷树林教授的《基于语料库的当前我国立法语言中权属表达研究》，河北大学博士生导师蒋静忠教授的《量词“顿”的表量功能与修辞特色》，华北水利水电大学副教授闫亚平博士的《“至于吗”负面评价话语标记演变——兼论修辞创造与语言发展演进》，北京师范大学副教授洪爽博士的《网络四字语的使用和发展》，齐齐哈尔大学讲师曹婧一博士的《再说“打 call”》，黑龙江大学研究生冯莉、金宇、郭康平的《从政府工作报告看“实效修辞”的特征与发展》，海南师范大学研究生方玉平的《习近平〈在庆祝中国共产党成立 100 周年大会上的讲话〉的修辞分析》。北京师范大学博士生导师孙银新教授、吉林大学博士生导师徐正考教授、西南大学博士生导师张春泉教授、暨南大学陈毅平教授、海南师范大学博士生导师段曹林教授、华北水利水电大学党兰玲教授、广西大学温科学教授分别担任七位报告人的评议人与报告主持人。

第二组的七场学术报告分别是：福建师范博士生导师祝敏青教授的《比喻的审美内核——解构》、大连大学李索教授的《汉字构形的修辞意义》、海南师范大学博士生导师段曹林教授的《修辞与文化的互动——以新世纪以来的汉语修辞革新为视角》、宜春学院副教授彭有明博士的《从认知语境原型效应的视角谈赣语余江方言三身代词复数形式》、宜春学院副教授耿宏伟博士的《幻想型动画角色从潜意识到意识转化表征过程中的隐喻机制分析》、海南师范大学博士生谢晴的《新世纪中国高校致辞修辞的创新性》、大连大学研究生范玉杰的《山东地方戏中武松戏的语言艺术》。北京大学博士生导师孙玉文教授、武汉大学博士生导师罗积勇教授、武汉大学博士生导师卢烈红教授、四川大学博士生导师杨光荣教授、复旦大学博士生导师康志峰教授、大连理工大学博士生导师陈宏俊教授、安阳师范学院教授张秋娥博士分别担任七位报告人的评议人与报告主持人。

16：45—17：30，大会闭幕式举行，由中国修辞学会副会长、大连大学教授、人文学部部长张祖立教授主持，中国修辞学会副会长、北京大学博士生导师孙玉文教授，中国修辞学会副会长、武汉大学博士生导师卢烈红教授，中国修辞学会副会长、吉林大学博士生导师、文学院院长徐正考教授分别致辞，从不同角度对会议进行了总结，并对今后的工作提出了设想。最后，中国修辞学会会长、复旦大学博士生导师吴礼权教授作了总结发言。

此次会议讨论的内容，涵盖了汉语修辞史，修辞学理论革新，修辞与汉语词汇和句式的发展演进，汉语书面语修辞特色，不同文本修辞、翻译修辞，以及修辞为中国语文服务等多个方面，宏观研究与微观研究相结合，汉语本体研究与汉外翻译研究相结合，同时兼顾古中外，深具广度、深度与创新度，充分展现了学者们对汉语修辞学的新思考。此次会议的召开，不仅对推动中国修辞学的繁荣与发展深具重要学术价值，对学科融合发展也有着重要的推动作用。

（中国修辞学会秘书处供稿）